나는
텍사스 1호
영업 사원입니다

나는 텍사스 1호 영업 사원입니다

발행일	2024년 4월 23일		
지은이	정영호		
펴낸이	손형국		
펴낸곳	(주)북랩		
편집인	선일영	편집	김은수, 배진용, 김다빈, 김부경
디자인	이현수, 김민하, 임진형, 안유경, 신혜림	제작	박기성, 구성우, 이창영, 배상진
마케팅	김회란, 박진관		
출판등록	2004. 12. 1(제2012-000051호)		
주소	서울특별시 금천구 가산디지털 1로 168, 우림라이온스밸리 B동 B113~114호, C동 B101호		
홈페이지	www.book.co.kr		
전화번호	(02)2026-5777	팩스	(02)3159-9637
ISBN	979-11-7224-073-8 03300(종이책)		979-11-7224-074-5 05300 (전자책)

(주)북랩 성공출판의 파트너
북랩 홈페이지와 패밀리 사이트에서 다양한 출판 솔루션을 만나 보세요!
홈페이지 book.co.kr   •   **블로그** blog.naver.com/essaybook   •   **출판문의** book@book.co.kr

작가 연락처 문의 ▸ ask.book.co.kr
작가 연락처는 개인정보이므로 북랩에서 알려드릴 수 없습니다.

정영호 지음

나는

● Dallas

Taylor ●

Austin ●

Houston ●

텍사스 1호
영업 사원입니다

북랩

외교는 'VCR'이다. VCR은 내가 정의한 외교의 개념을 설명하는 영어 단어의 첫 글자를 요약한 표현으로 그 의미는 다음과 같다.

V: Visiting

C: Caring

R: Restoration

Visiting(방문): 외교에서는 다른 국가나 단체, 혹은 주재국의 자국민과의 관계를 형성하기 위해 상호 방문이 중요하다. 이는 고위급 회의부터 일반적인 교류까지 다양한 수준에서 이루어질 수 있다. 방문을 통해 상황을 파악하고 소통을 통해 서로의 관점과 문화를 이해하고 신뢰를 구축할 수 있다.

Caring(돌보기): 외교에서는 상호 간의 돌봄과 지원이 필요하다. 이는 다른 국가나 단체 혹은 주재국 동포사회의 필요를 이해하고 그에 따른 지원을 제공하는 것을 의미한다. 경제적 지원이나 기술 이전, 인도주의적 지원과 동포사회 지원 등 다양한 형태로 나타날 수 있다.

Restoration(복원/회복): 외교에서는 갈등 해결과 회복을 통해 관계를 복원하는 것이 중요하다. 이는 갈등 조정을 위한 노력이나 회복적인 대화와 협상을 통해 달성될 수 있다. 외교적 노력을 통해 갈등을 해결하고 더 나은 관계를 구축할 수 있다. 이러한 원칙을 적용함으로써 외교 관계를 더 깊고 지속적으로 발전시킬 수 있으며, 상호 간의 이해와 협력을 증진할 수 있다. 이런 개념의 VCR은 현장 중심으로 '발로 뛴다'는 적극적인 외교 활동을 설명하는 데 적합한 용어이다.

교회에서 목사는 '심방'을 한다. 심방이란 목사가 성도들의 가정, 사업장 혹은 병실 등에 직접 방문(Visiting)하고, 돌보는(Caring) 사역을 의미한다. 목사는 심방을 통해 성도들과 친밀한 교제를 나누며 그들의 삶의 상황과 영적 상태를 파악하고, 말씀과 기도로 위로함으로써 영적인 지원과 도움을 제공한다. 그리고 영적 성장을 돕고 성도들과 개인적이고 심층적인 관계를 형성해 영적 회복(Restoration)을 추구한다. 이러한 Visiting, Caring, Restoration은 교회 내에서 성도들의 영적인 성장과 지속적인 사역의 성공을 위한 핵심 요소로 작용한다. 이런 점에서 외교와 심방은 VCR 개념을 공유한다.

'심방 외교'란 저자가 재외공관장 활동을 하면서 새롭게 고안한 외교 활동을 설명하는 용어로 VCR의 개념을 공유해 외교와 심방을 하나로 연결한 표현이다. 저자는 미국장로교에서 목사 안수를 받은 목회자로 과거 미국 동부 지역(뉴저지와 펜실베이니아)에서 한인 교회 목사로 수년간 사역을 했다. 이민 교회의 목회 환경은 쉽지 않다. 이민자의 삶이란 어느 나라에서든 외롭고 고달프다. 그들은 교회에서 예배를 통해, 그리고 목사의 심방을 통해 위로를 받아야 한다. 이런 모든 과정이 Visiting, Caring, Restoration이다.

나는 작년 1월에 윤석열 대통령의 임명을 받아 텍사스 휴스턴의 대한민국 총영사로 부임했다. 과거에 10년 이상 미국에서 공부하고 이민 목회를 하고 영주권자로 살았던 경험 때문에 미국에서 재외공관장이란 직책이 낯설지는 않았다. 총영사의 일차적 책무는 관할 지역 동포 사회의 안전과 권익 향상, 현지에 진출한 한국 기업 활동 지원, 그리고 주정부, 주의회 및 지방정부와의 좋은 네트워크를 형성해 국익 창출에 유익한 환경을 조성하는 것이다.

지난 1년 이상 재외공관장으로 활동하면서 많은 활동을 했다. 특히 지난해는 한미 동맹 70주년의 해라 모든 사업의 의미는 한미 동맹 70주년에 초점을 맞췄다. 지난 1년간 공관장의 공식 일정은 총 305회였고, 승용차 이동 거리가 16,772마일, 그리고 비행기 이동 거리는 6만 마일(재외공관장 회의 참석차 한국 왕복 포함)을 넘었다. 공식 일정이 305회였다면 간단하게 보자면, 일요일을 제외한, 즉 1년 52주 동안 월요일부터 토요일까지 하루도 빠짐없이 공식 일정을 소화했다.

국내 언론 보도 및 인터뷰 건수가 60개 넘는다, 여기에 정확한 통계를 확인하지 못했지만, 동포언론 보도까지 포함하면 총 언론 보도 횟수가 적어도 200여 개 이상은 될 것으로 보인다. 참 부지런히 일했던 것 같다.

수많은 일정을 소화하면서 나는 '심방 외교'를 펼쳤다. 미국에서 이민 목회를 했기 때문에 누구보다 이민자의 삶과 심리적 상황을 잘 이해한다. 나는 동포사회에서 동포들을 만날 때마다 목회자가 성도의 가정에 심방하는 마음으로 다가간다. 오랜 세월 이민자로 살았든, 짧은 기간을 살았든 간에 언어와 피부 그리고 문화가 다른 나라에서 치열한 생존 경쟁을 하며 산다는 것은 정말 힘들고 어렵다. 그리고 외롭다. 그래서 동포들은 관심과 사랑에 목말라 있다. 특히 관할 지역 공관장과의 소통엔 더욱 목말라 있다.

나는 그들의 마음을 잘 알고 이해하기 때문에 공·사석에 관계없이 만나면 반갑게 악수를 하고, 허그를 하고, 안부를 전하며, 겸손한 자세로 그들의 말에 귀를 기울이며 소통한다. 나의 심방 외교의 마인드는 동포사회뿐만 아니라 현지에 진출한 한국 기업의 관계자들이나 관할 지역의 주 정부와 주의회, 지방정부의 관계자들과 여러 나라의 총영사들을 만날 때도 변함없이 이어진다. Visiting, Caring, Restoration의 심방 외교는 다양한 문화와 종교적 배경을 가진 사람들과의 대화와 교류에서도 선한 영향을 끼친다. 작은 규모의 외교적 관계에서도 상호 존중, 이해, 협력이 중요하며, 타인의 신념과 가치관을 존중하고 그들과의 관계를 통해 서로 배우고 이해하는 것이 중요하다.

나는 이 책에서 나의 **'심방 외교'** 이야기를 들려준다. 내가 이민 생활을 하면서 경험했던 배려, 이해, 섬김 그리고 수고와 헌신 등의 가치가 '심방'에서 배운 가장 소중한 것들이다. 휴스턴 총영사로 부임한 이후 지난 1년 이상 나는 이러한 가치들로 이뤄진 '심방'을 외교 철학의 핵심 가치로 삼고 열심히 달렸다. 윤석열 대통령께서 대한민국 1호 영업 사원으로 전 세계를 달리시며 투자를 유치하고 대한민국의 브랜드 가치를 홍보하고, '자유, 평화, 번영'의 국제 연대를 확장하기 위해 헌신적인 노력을 펼쳐 대한민국이 글로벌 중추 국가로 반듯하게 세워졌다.

나는 텍사스 1호 영업 사원이다. 대한민국 정부가 미국 중남부 5개 주인 텍사스, 아칸소, 오클라호마, 루이지애나, 미시시피를 관할하는 휴스턴 총영사로 파송했다. 이 책에서 국익 창출과 동포사회의 연대와 화합을 위해 열심히 '심방'하는 '텍사스 1호 영업 사원'의 이야기를 진솔하게 담아 전하고자 노력했다. 지금 167명 이상의 재외공관장들이 글로벌 차원에서 치열한 외교 전쟁의 최전선에서 국익을 위해 헌신적인 노력을 펼치고 있다. 나의 이야기가 독자들에게 읽힘으로써 그분들의 활동을 이해하는 데 작은 보탬이 되길 소망한다.

끝으로 지난 1년간 변함없이 부족한 총영사를 지원하고 모든 사업에 적극적으로 동참해 한미 동맹 70주년을 기념하고, 새로운 미래를 함께 만들기 위해 헌신적인 노력을 펼친 주휴스턴 총영사관의 영사들과 행정 직원들 그리고 사랑하는 중남부 5개 주의 한인 동포사회의 지도자들과 동포들에게 감사의 마음을 전한다. 이 책은 또한 그들의 이야기이기도 하다.

2024년 3월
휴스턴에서 정영호

차례

제5장 언론 인터뷰의 모든 것

제1장

동포사회와 함께한
한미 동맹 70주년

윤석열 대통령
워싱턴 국빈 방문 설명회

2023년 4월 26일 미국 워싱턴 D.C.에서 열린 윤석열 대통령과 조 바이든 대통령의 한미정상회담은 한미 동맹 70주년의 역사적 이정표를 제시한 회담이었다. 양국 정상은 정상회담을 통해 과거 정부에서 '기울어진 한미 관계'를 정상화하고 기존의 군사 안보 동맹을 한 차원 더 높은 수준의 동맹으로 끌어올려, 경제 안보와 과학 기술 동맹, 그리고 '자유, 평화, 번영'의 가치를 근거로 한미 동맹 70년의 새로운 미래를 열었다. 특히 미국에 거주하는 270만 한인 동포들은 역사적인 백악관 정상회담의 생생한 현장과 윤석열 대통령의 미국 연방의회 연설을 지켜보면서 대한민국의 글로벌 위상을 확인하고 재미동포로서 미국 사회에서 한국인의 자긍심을 피부로 느낄 수 있었다.

한미정상회담 후 윤석열 대통령 방미 성과의 중요한 내용을 동포들에게 설명할 필요성을 느껴 5월 6일 오후에 휴스턴 주요 전·현직 동포 단체장들 30여 명과 현지 언론인들을 공관 회의실로 초대해 '대통령 국빈 방미 성과 보고회'를 개최했다. 윤건치 한인회장, 이홍재 노인회장, 박요한 민주평통협의회장, 이상일 청우회장, 정태환 향군회장, 김수명 전 한인회장, 조명희 전 상공회의소 회장, 헬렌 장 전 한인회 이사장과 송미순 이사장 등 휴스턴 동포사회의 주요 지도자들이 모두 참석했다. 공관장이 동포사회 지도자들을 초대해 국가적 외교 사안들을 설명하는 자리는 처음 있는 일이었다. 특히 대통령의 방미 성과와 같은 중요한 사안의 설명회는 한미 동맹 강화를 위해 공관장이 동포 지도자들과 정보를 공유하며 동포사회의 공감 확대와 동의, 그리고 지지를 구하는 데 있어 매우 중요한 소통 방법이다.

워싱턴 한미정상회담 공동선언 발표

대통령 국빈 방문 성과에 대한 주요 보고는 철저하게 동포사회의 눈높이에 맞춰 워싱턴 선언, K-콘텐츠, 우주 동맹, 그리고 경제 안보와 동포사회 등 5개 분야로 구분해 동포사회 지도자들이 쉽게 이해하도록 준비하고, 먼저 대통령의 방미 영상을 시청하면서 그날의 감동을 다시 한번 느낌으로서 공감대를 형성하고자 노력했다.

설명회를 시작하면서 세계적인 공급망 위기와 북한의 도발이 지속되고 있는 위기 상황에서 윤석열 대통령이 국빈 방문하여 조 바이든 대통령과 함께 한미 동맹에 대한 굳건한 의지를 재확인했음을 밝히고, 이번 대통령 방미는 그 어느 때보다 많은 성과가 있었으며, 그 가운데 대한민국의 안보와 직결된 워싱턴 선언이 핵심적인 성과라고 강조했다.

동포 지도자들에게 양국 정상은 워싱턴 선언을 통해 재래식 무기 중심의 한미상호방위조약을 핵이 포함된 상호방위 개념으로 업그레이드시켰으며, 이것은 한국형 확장 억제로 이해할 수 있다고 설명했다. 이어서 워싱턴 선언의 핵심은 고위급 상설 협의체인 핵협의 그룹(NCG) 신설에 있으며, 이를 통해 핵 자산 운용에 관한 정보, 계획, 실행 등 전 과정을 한·미가 공유하게 되었다는 점을 특별히 강조했다.

재미동포가 한미 동맹의 힘

윤석열 대통령은 워싱턴 동포 초청 간담회에서 재미동포가 한미 동맹의 기초이자 대한민국이며, 재미동포가 연대하고 통합할 때 한미 동맹이 더욱 굳건해진다고 밝혔다. 대통령의 견해는 내가 휴스턴 총영사 부임 이후 일관되게 강조했던 내용이다. 나는 윤 대통령의 견해에 적극적으로 공감하며, 대통령께서 동포 간담회에서 연설하시는 장면을 보면서 **"미주 120년 이민의 역사를 통해 소수 민족의 비애를 극복하고 미국에서 대한민국의 이름을 드높인 재미동포들의 눈물과 땀 그리고 희생의 삶이 떠올라 감격스러웠다"**고 밝히고, **"우리 휴스턴 동포 여러분들도 대통령의 말씀에 많은 위로와 힘을 얻었을 것"**이라고 말했다.

나는 대통령께서 동포사회에 대하여 격려와 자긍심을 높여 주시는 모습을 보면서, **"이제는 재미동포들이 이에 화답해 분열과 갈등을 종식하고 대통령의 국정철학인 연대와 통합의 시대를 열어 가야 할 것"**임을 강조했다. 이어 **"재미동포들을 중심으로 750만 재외동포가 하나가 되어 새로운 미래를 내다보고 차세대 육성에 힘쓴다면 대한민국의 브랜드 가치를 높이고 글로벌 중추 국가 시대를 발전적으로 열어 갈 수 있다"**고 강조했다.

윤석열 대통령 방미 성과 보고 설명회를 마치고 동포사회 지도자들과 질의응답 시간을 가졌다. 몇몇 분들의 질문은 한국의 핵무장에 집중되었다. 그분들은 한국이 핵 개발을 해야 한다는 점을 강조했다. 나는 그분들이 한국의 안보 상황에 대한 우려와 애국심을 긍정적으로 평가하고, 질문에 대한 답변은 윤 대통령께서 하버드 대학에서 언급하셨듯이 한국은 핵 개발을 할 수 있는 기술력을 보유하고 있으나, 핵 개발을 했을 경우 고려해야 하는 국제 정치 및 경제학적으로 매우 복잡한 사안들이 존재한다는 답변으로 가름했다. 이어 워싱턴 선언에 명시

한 바와 같이 핵협의 그룹(NCG)을 통해 한미 양국이 핵 사용과 관련된 정보를 공유하고, 미국의 전략 자산이 한반도에 상시 배치되어 있어 북한에 대한 핵 확장 억제를 강화하는 것이 더 실효적일 것으로 본다고 설명했다.

재미동포들의 가장 큰 관심 가운데 하나가 지속 가능한 한미 동맹의 강화이다. 한미 간 불협화음이 생기면 재미동포들은 매우 불안해한다. 한미 동맹의 약화는 곧 북한의 한반도 위협 강화를 의미하기 때문이다. 총영사가 직접 동포사회를 대상으로 대통령의 방미 성과를 보고하고, 한미 동맹 강화를 강조하고, 재미동포가 한미 동맹의 힘이라는 사실을 강조할 때마다 동포들은 대한민국 국민으로서 자긍심을 갖는다. 한미 동맹의 미래를 위하여 총영사와 동포사회와의 소통은 아무리 강조해도 지나치지 않는다.

▶ 관련 기사
코리안저널, "정영호 총영사, 대통령 국빈 방미 설명회"(2023. 5. 11.)

캠프 데이비드
한미일 정상회의 보고회

2023년 8월 18일 한·미·일 3국의 정상들이 미국 워싱턴 근교 캠프 데이비드(Camp David)에서 역사적 만남을 가졌다. 이것은 대한민국 건국 이래 최초의 만남이었으며 역대급 정상회의였다. 특히 캠프 데이비드가 지닌 역사적 상징성에 비춰 볼 때 이곳에서 한·미·일 3국 정상회의가 개최된다는 것은 글로벌 차원에서 매우 화제성이 높은 사건이었다. 또한 한미 동맹 70년 만에 이뤄진 한·미·일 3국 정상의 만남은 세계 경제의 34%를 차지하는 강력한 경제 안보 블록이 탄생했다는 점에서도 세계적인 관심이 집중되는 역대급 만남이었다.

캠프 데이비드의 원래 이름은 샹그릴라(Shangri-La)였다. 이곳은 과거 프랭클린 루스벨트 대통령과 처칠 수상의 회담을 계기로 미국 대통령 휴양지로 알려졌고, 이후 아이젠하워 대통령이 자신의 손자 이름을 따서 캠프 데이비드로 별장 이름을 변경했다. 아이젠하워와 케네디 대통령은 이곳에서 구소련의 흐루쇼프 공산당 서기장과 회담을 했다.

캠프 데이비드의 역사적 상징성을 대표하는 회담은 1978년 지미 카터 대통령이 이집트의 사다트 대통령과 이스라엘의 베긴 총리와 함께 13일간의 회담을 통해 '캠프 데이비드 협정(Camp David Accords)'을 체결한 것이었다. 이 협정은 이스라엘이 아랍 국가와 맺은 최초의 조약으로서 당시 지미 카터 대통령은 캠프 데이비드 협정으로 중동 평화 정착에 기여한 공로를 인정받아 노벨 평화상을 수상했다.

캠프 데이비드 한·미·일 3국 정상회의가 지니는 가장 중요한 의미는 한·미·일 협력의 새로운 시대가 열린 것을 전 세계에 알리는 계기가 되었다는 점이다. 나는 이토록 중요한 역대급 회담에 대해서도 동포사회 지도자들에게 설명해야 할 필요성을 절실하게 느껴 지난 한미정상회담 설명회와 같은 형식으로 약 30여 명의 한인사회 지도자들을 공관 회의실로 초대해 설명회를 개최했다.

캠프 데이비드의 한·미·일 정상들

설명회를 시작하면서 앞서 잠깐 언급했듯이 한·미·일 3국 GDP의 총합은 전 세계 GDP의 34%를 차지하는 만큼 경제적 측면이나 지정학적 측면에서 한·미·일 3국의 협력은 매우 중요하고, 3국 정상의 만남은 향후 민주주의 국가들 간의 자유, 평화, 번영의 국제적 연대 확장에 긍정적으로 작용할 것으로 예상한다고 밝혔다. 이어 캠프 데이비드는 외교사적으로 매우 의미가 있는 장소로써 1978년 9월에 지미 카터 대통령이 이집트 대통령과 이스라엘 총리를 초청하여 중동 평화 협정을 도출한 곳임을 상기하며, 금번 한·미·일 정상회담 또한 캠프 데이비드에서 이뤄진 역사적 순간으로 기록될 것이라는 점을 분명하게 밝혔다.

캠프 데이비드 한·미·일 정상회의는 3국 간 협력의 제도화를 위해 캠프 데이비드 정신(공동 성명), 캠프 데이비드 원칙 그리고 협의에 대한 공약 등 3건의 문서가 마련되었고, 3국 협력의 지속적인 발전 토대를 마련하기 위하여 정상회의를 포함, 다수 협의체를 출범 또는 연례화에 합의했다. 아울러 캠프 데이비드 3국 정상회의는 3국 간 협력 외연 확대를 위하여 동북아 안보, 경제 안보·첨단 기술, 지역·글로벌 협력 등 여러 분야에서 구체적인 논의가 이뤄졌음을 상세하게 설명하였다.

특히 경제 안보·첨단 기술 분야 설명에서 현재 국제 관계에서 안보와 경제는 분리될 수 없는 사안이며, 이러한 점에서 한·미·일 3국 차원의 △공급망 연계 구축, △미래 핵심 기술 선도, △금융 안정 협력 모색 등의 성과를 도출했는데, 공관 관할 지역인 텍사스는 미국 내 반도체와 석유·가스 및 신재생 에너지 공급망의 핵심지역으로 3국 간 공급망 연계에 있어서 매우 중요한 곳으로 평가되고 있다고 강조했다.

윤 대통령의 리더십이 만든 한·미·일 정상회의

　나는 휴스턴 동포사회 지도자들에게 **"그간 한·미/미·일 정상 간에는 좋은 관계가 유지됐지만, 한·일 관계는 회복되기 어려운 상황이었으나 지난 한미정상회담 직후 윤석열 대통령께서 야당과 일부 시민단체의 반대에도 불구하고 선제적으로 일본으로 건너가 한일정상회담을 갖고 양국 간 협력을 제안하셨고, 이를 통해 역사적으로 3국 간 우호 관계의 최정점이라고 평가할 수 있는 캠프 데이비드 정상회담이 성사되었다"**고 밝혔다. 그리고 이러한 결실의 토대는 **윤석열 대통령의 결단력 있는 리더십의 역할**에 있음을 강조하고, 캠프 데이비드 3국 정상회의 결과를 두고 볼 때 한·미·일 간 신뢰와 유대는 더 없이 강화될 것이라고 강조했다.

　캠프 데이비드 한미일 정상회의 설명회는 지난 워싱턴 국빈 방문 직후 실시한 한미정상회담 성과 설명회 시 동포사회에서 보여 준 높은 호응을 바탕으로 향후 동포사회에 국가 주요 정책을 전달하고 공유가 필요한 사항에 대해서 적극적으로 소통할 예정임을 공지한 이후 두 번째 설명회였다. 설명회에 참석한 동포사회 지도자들은 언론을 통해 막연하게 접했던 한·미·일 정상회담과 관련한 사항들을 공관장이 직접 상세하게 설명함에 따라 회담의 성과와 의미에 대한 이해도가 높아졌음에 고마운 마음을 표현하였다.

총영사가 동포사회와 친밀한 소통을 위해 노력하는 일이 매우 중요하다. 공관장은 크고 작은 행사에서 동포들을 만난다. 대체로 이런 자리에서는 의례적인 인사와 적절한 수준의 환담을 나눈다. 그러나 정부의 외교안보정책, 특히 한미 동맹에 관한 중요한 정책이나 외교적 결과에 대해 총영사가 직접 동포들을 상대로 설명회를 갖는 것은 매우 이례적이다.

나는 이런 기회를 갖는 것이 공관장이 동포사회를 섬기는 중요한 행위라고 생각한다. 공관장은 이런 특별한 설명회를 통해 동포사회와 좀 더 깊은 소통을 나누며 동포들의 생각을 알게 된다. 정부의 주요 정책과 정보를 동포들과 공유하며, 정부의 정책에 대한 이해와 지지를 얻기 위한 지속적이며 적극적인 소통은 아무리 강조해도 지나치지 않는다. 동포사회는 총영사가 섬겨야 할 가장 중요한 대상이다.

▶ 관련 기사
코리안저널, "3국 협력의 새지평, 지정학적 측면에서 중요한 역사적 사건"(2023.8.31.)

한미 동맹 70주년 기념
텍사스 주의회
상하 양원 공동결의안 채택

한미 동맹 70주년을 기념하는 해에 휴스턴 총영사로 부임해 개인적으로 가장 보람된 그리고 뜻깊은 일 한 가지만 소개하라고 한다면 나는 주저 없이 2023년 3월 23일 텍사스주 의회 상하 양원이 한미 동맹 70주년 기념 및 윤석열 대통령 국빈 방문을 환영하는 공동 결의안(Joint Resolution)을 초당적으로 채택한 일을 뽑는다.

미국의 50개 주의회는 개별 국가와 관련한 결의안 채택을 거의 하지 않는다. 그런 점에서 텍사스주 의회가 그것도 상하 양원이 한미 동맹 70주년 기념 및 윤석열 대통령의 국빈 방문 환영 공동결의안을 채택한 것은 매우 이례적이며, 특히 1836년 텍사스주 의회 개원 이래 역사상 처음 있는 일이라 한미외교사의 한 페이지를 장식한 뜻깊은 일이었다.

나는 2023년 1월 6일 휴스턴 총영사로 부임한 이후, 텍사스 주지사

취임식(오스틴), 한미 동맹 70주년 기념행사(휴스턴), 6.25 참전 용사 기념 고속도로 제막식(엘파소), 그리고 텍사스 주의회 경제청문회 참석 등 여러 행사에서 만난 텍사스주 상하원 의원들과 교류하면서 한미 동맹의 의의를 설명하고, 특히 한-텍사스 경제 교류 활성화 방안 등에 대해 많은 대화를 나누며 우호적 관계를 유지하는 데 노력을 기울였다.

한-텍사스 경제 교류가 삼성반도체와 석유 가스 에너지를 중심으로 활발하게 이뤄지고 있는 상황에서 한미 동맹 70주년 기념과 윤석열 대통령의 국빈 방문은 한미 동맹의 미래를 새롭게 여는 데 매우 중요한 전환점이 될 것이기에 총영사로서 뜻깊은 일을 추진하는 것이 외교적으로 필요하다고 생각했다. 나는 과거 국회에서 오랫동안 일한 경험이 있어 텍사스주 의회에서 상하 양원이 합동 결의안을 채택하는 전략을 수립하고 추진하는 데 큰 어려움이 없으리라 판단해 3월 초부터 프로젝트를 준비했다.

우선 내가 해야 할 일은 결의문 초안을 작성하는 것이었다. 우리 공관의 정무 영사에게 초안에 담길 내용을 전반적으로 구술하고 정리한 뒤, 그 내용을 외교부 북미국과 워싱턴 주미대사관에 보내 문장을 새롭게 가다듬었다. 그리고 준비된 한글 초안을 우리 공관의 미국인 영문 에디터에게 영문으로 번역하도록 해서 최종 영문 결의안 초안을 완성했다.

나는 공동결의안 프로젝트 성공을 위하여 몇 가지 전략을 수립해서 움직였다. 첫째, 이 중요한 결의안은 주의회 상하 양원이 합동 결의하도록 상하 의원 각 1명씩을 결의안 추진 대상자로 선정했다. 둘째, 이 일은 초당적인 결의안 채택으로 만들어야 해서 하원은 공화당, 상원은 민주당으로 결정했다. 셋째, 주의회 상원 의장과 하원 의장의 협력이 매우 중요하기 때문에 평소 우호적 관계를 유지해왔던 텍사스주 국무장관 제인 넬슨(Jane Lelson)을 만나 한미 동맹 70주년 기념 및 윤석열 대통령 국빈 방문 환영 결의안 채택의 외교적 중요성을 설명하고, 국무장관이 직접 상원 의장과 하원 의장에게 적극 협조를 요청하도록 부탁했다.

텍사스 주의회 최초로 초당적 공동결의안 채택

가장 먼저 만난 주의회 하원 의원은 제시 제튼(Jessy Jetton)이었다. 그는 텍사스주 의회의 유일한 한국계 의원으로, 공화당 소속의 재선 의원이었다. 나는 그에게 먼저 이 프로젝트의 중요한 취지를 설명하고 영문 결의안 초안을 건네면서 필요하다면 약간 수정을 해도 좋다고 말했다. 제시 제튼 의원은 공동결의안 채택의 중요성을 공감하고 의회에서 필요한 작업을 수행했다. 그는 결의안 채택을 적극적으로 주도했고, 감사하게도 결의한 채택 후 하원 내 코리아 코커스(Korea Caucus)를 출범시켜 공동 의장을 맡았다. 텍사스주 의회에서 처음 있는 일이다.

그리고 다음에 접촉한 의원은 민주당 소속 상원 의원 세자르 블랑코(Cezar Blanco)였다. 세자르 블랑코 의원은 텍사스 엘파소(Elpaso) 출신으로 그곳의 한인회와 우호적 관계를 유지하고 있는 정치인이었다. 그는 수년 전 한인회의 요청을 받아 텍사스주 상원에서 자신의 지역구를 통과하는 미국 고속 도로(US54) 일부 구간을 한국전 베테랑 기념 고속 도로(Korean War Veterans Memorial Highway)로 지정하는 결의안을 2021년도에 발의한 친한파 의원이었다. 2023년 2월 4일 한미 동맹 70주년 기념으로 개최된 고속도로 제막식 행사에서 그를 만나 한미 동맹의 의의와 미래에 대하여 많은 대화를 나누기도 하였다.

공동결의안 채택 축하 리셉션(좌로부터 세자르 블랑코, 제시 제튼, 제인 넬슨 텍사스주 국무장관)

한미 동맹 70주년 기념 및 윤석열 대통령 국빈 방문 환영 공동결의안은 한미 동맹의 의의, 윤 대통령 방미, 한미 양국 관계, 한-텍사스주 관계 평가를 내용으로 구성되었다. 한미 동맹은 안보 동맹에서 포괄적 글로벌 파트너십으로 발전하고 있다는 내용과 현 미국 정부가 국빈으로 초청한 두 번째 외국 정상이 윤 대통령이라는 것은 한미 양국 우정의 중요성을 반영하는 것이며, 한국은 미국 외교정책의 핵심축 가운데 하나로서 아시아 및 세계 평화와 안정 유지에 중요한 역할을 하면서 글로벌 공급망 안정, 반도체·자동화 로봇·인공지능 등 첨단 기술 개발을 위한 지속적 협력, 그리고 한-텍사스주 상호 유대 강화와 경제 교류 활성화의 미래 등이 결의안에 잘 담겨 있다.

한미정상회담이 개최되기 전 2023년 3월 23일, 텍사스주 의회 상하 양원이 이례적으로 만장일치로 공동결의안을 채택한 것은 한-텍사스주 경제교류 활성화로 한국이 텍사스주의 중요한 파트너라는 것을 인정하고 특별한 의미를 부여한 것으로 볼 수 있다. 축하 리셉션에서 공동결의안 채택을 주도했던 제시 제튼 하원 의원은 오늘은 매우 뜻깊은 날이라고 하면서 결의안 통과 소식을 어머니에게 알려 드렸다고 언급하면서 감동적인 분위기를 연출했다. 세자르 블랑코 상원 의원은 이 일을 통해 한국 전쟁이 잊혀진 전쟁이 되지 않도록 함께 노력하겠다고 다짐했다. 특히 제인 넬슨 국무장관도 리셉션에 참석해, 한미 양국의 오랜 우정과 더불어 삼성전자 오스틴 반도체 공장과 테일러 반도체 공장의 건설, 한인사회의 영향력 신장 등 텍사스주 차원에서 우리나라에 대한 높아진 관심과 협력 기대 분위기가 주의회에 잘 반영된 것으로 평가했다.

한미 동맹 70주년 기념 및 윤석열 대통령 국빈 방문 환영 공동결의
안 채택을 위해 텍사스주 내 여러 한인회의 보이지 않는 노력이 있었
다. 특히 엘파소 한인회는 그 지역 출신의 세자르 블랑코 상원 의원에
게 결의안 채택에 적극적으로 이바지하도록 여론을 형성해 주었다. 주
의회에서 결의안이 채택되는 현장에도 휴스턴 한인회(회장 윤건치), 오스
틴 한인회(회장 이희경), 그리고 엘파소 한인회(회장 박성양), 샌안토니오 한
인회(회장 김현) 및 민주평통 휴스턴 협의회(회장 박요한), 그리고 미주총연
중남부 연합회(회장 김진이) 등 많은 한인 지도자들과 동포들이 참석해
한마음으로 결의안 채택을 위해 기도하고, 축하 리셉션에 참석해 기쁨
을 함께 나누었다. 그날 우리 동포들이 보여 준 기쁨과 환호의 순간이
지금도 눈에 선하다. 그들의 눈과 가슴속에서 따뜻한 감동과 기쁨의
눈물을 느꼈던 것은 나만의 감정이 아니었을 것이다.

▶관련 기사
연합뉴스, "텍사스주 의회, 한미 동맹 70주년 기념 상하원 공동결의안 채택"(2023.3.24.)
코리안저널, "텍사스주 상•하원 한미 동맹 70주년 기념 공동결의안 채택"(2023.3.30.)

04

국경일 행사에서 빛난
한·미·일 캠프 휴스턴
(Camp Houston)

　재외공관은 10월 3일 개천절 기념 국경일 행사를 대체로 격년제로 치른다. 휴스턴 총영사관은 전년도에 기념행사를 하지 않아 2023년에는 한미 동맹 70주년을 맞이해 개천절 국경일 행사를 준비하였다. 공관장이 되어 처음 치르는 개천절 국경일 행사, 그것도 한미 동맹 70주년의 해에 행사를 준비하는 것이라 이번 행사의 목적과 의미에 많은 신경을 썼다. 무엇보다도 대통령께서 2030 부산 엑스포 유치를 위해 헌신적인 노력을 기울이고 있었기 때문에 이번 국경일 행사에 휴스턴 주재 국제박람회기구(BIE) 회원국 총영사 및 명예영사를 초대해 2030 부산 엑스포 홍보를 하면 좋겠다는 생각이 들어 국경일 행사 준비에 최선을 다했다. 물론 나는 국경일 행사 2개월 전에 일본, 인도네시아, 그리고 베트남 총영사 부부를 관저로 초대해 만찬을 나누며 2030 부산 엑스포를 홍보하는 좋은 시간을 보냈었다.

다른 한편, 지난 8월에 캠프 데이비드 한·미·일 정상회의가 건국 이래 최초로 개최되어 한·미·일 3국 간 협력 관계가 더욱 견고해지고 미래지향적인 방향에서 매우 긍정적이었다. 이런 이유로 개천절 국경일 행사에 미 국무부 OFM(Office of Foreign Missions) 휴스턴 지국장과 일본 총영사에게 축사를 요청해 캠프 데이비드 3국 정상회의의 의미를 되새기고 3국 협력을 강조하는 것이 중요하다고 판단해 이를 적극적으로 추진하였다.

우리 총영사관은 2023년 10월 13일 휴스턴 소재 아시아 소사이어티 센터(Asia Society Texas Center)에서 현지 정·재계, 문화계 인사, 그리고 BIE 회원국 영사단, 한인동포단체 대표, 한국전 참전 베테랑 등 약 120여 명을 초청해 뜻깊은 국경일 행사를 치렀다. 특히 이번 행사의 콘셉트가 캠프 데이비드 3국 정상회의의 후속이자 2030 부산 엑스포 유치 홍보였기 때문에 휴스턴 주재 영사단 초청에 각별한 신경을 기울였다.

일본 총영사, 인도 총영사, 필리핀 총영사, 인도네시아 총영사, 대만 대표 등 아시아 주요 국가들의 영사단을 비롯해 유럽 및 남미의 영사단을 포함해 약 20여 개 국가의 영사단이 참석해 대성황을 이뤘다. 휴스턴 총영사 부임 이후 여러 국가의 독립기념일 행사에 참석했지만, 이렇게 많은 영사단이 참석한 것은 드문 일이었다. 개인적으로 평소 휴스턴 주재 영사단 정기 모임과 각국 기념일 행사에 열심히 참석하는 심방 외교로 우호적 관계를 유지했던 노력의 결실이었다.

부산 엑스포 유치 홍보를 위해 행사 시작 전부터 다양한 홍보 영상을 소개하고, 행사가 시작된 후 총영사의 환영사 중간에도 홍보 영상을 함께 시청하는 시간을 가지면서 적극적인 관심과 지지를 당부했다. 행사장에 참석한 BIE 회원국 영사들의 반응이 매우 우호적이었으며, 우리 한인단체 대표들은 대한민국 국민으로서 커다란 자부심을, 그리고 한국전 참전 베테랑들은 자신의 희생과 헌신으로 자유와 번영을 이룬 한국의 발전상에 깊은 감동을 받았다.

국경일 행사를 빛낸 한·미·일 대표

한·미·일 캠프 휴스턴이 빛낸 국경일

개천절 국경일 행사의 꽃은 한·미·일 3국 대표의 축사였다. 캠프 데이비드 3국 정상회의 후속 조치로 기획된 휴스턴 3국 대표의 축사가 지닌 상징적 의미는 매우 컸다. 일본 총영사는 축사를 통해 이번 행사는 **"캠프 휴스턴"**이라고 불렀다. 그는 내가 행사를 기획하면서 의도했던 것을 최상으로 표현했다. 정말 고마운 일이다.

나는 한국 정부를 대표한 초청자로 환영사를 통해 무엇보다도 **"한미 동맹 70주년 및 정전협정 70주년을 맞이하여 공산주의 세력에 맞서 한국을 연대·지원해 준 미국을 비롯한 16개국 유엔 참전국의 숭고한 희생에 고맙다"**고 말하면서, **"오늘날 세계 10위 경제 대국, 미국의 6번째 교역국이자 텍사스주의 4번째 교역 파트너로 눈부신 발전을 이룬 대한민국의 위상과 그 시발점이 된 것이 한미 동맹이었다"**는 사실을 강조했다. 특히 한미 동맹이 지정학적 이슈와 다양한 위협 요인에도 흔들림 없이 진화하면서 전통적인 안보 동맹을 넘어 산업동맹, 기술 동맹으로 발전되어 왔음을 설명하였다.

그리고 △금년 4월 윤석열 대통령의 워싱턴 디시 국빈 방문, △8월 캠프 데이비드 3국 정상회담이 지닌 의미를 강조하고, △대한민국의 다자외교 지평 확대 및 글로벌 중추 국가로 나아가는 외교적 노력과 이러한 연장선에서 우리 정부가 2030 부산 엑스포 유치를 통해 세계 시민들이 당면한 다양한 과제에 대한 해결책을 함께 모색하고자 엑스포 유치에 총력을 기울이고 있다고 설명하면서, 참석한 BIE 회원국 영사단에게 관심과 지지를 호소했다.

미국 정부를 대표해 캐서린 호(Katherin Ho) OFM 휴스턴 지국장은 "전쟁의 참혹한 현실에도 불구하고 한국은 경제, 기술, 안보는 물론 문화적으로도 K-Wave로 세계를 밝히는 빛이 되었다"고 평가하였다. 그는 "한미 동맹 70주년이라는 뜻깊은 해에 워싱턴 정상회담으로 한국과 미국은 양국의 강력한 유대감을 바탕으로 한미 동맹이 최첨단 협력을 향해 나아가고 있는 현대화 동맹"이라고 말했다. 이어 그는 "그린 투자에 집중하면서 전기자동차, 그린 에너지, 인공지능, 생명공학, 반도체와 우주 등 분야에서 양국 협력이 심화되고 있으며, 특히 공동사이버 안보 프레임워크 구축, 우주 협력 강화 등 사이버 안보, 신기술 및 우주 분야에서 양국이 선구자로서 긴밀히 협력을 펼쳐나가기로 약속"했음을 상기하면서 한미 동맹의 새로운 미래에 대하여 긍정적 반응을 보였다.

한편, 히로푸미 무라바야시(Hirofumi Murabayashi) 일본 총영사는 한국의 뜻깊은 국경일 행사에 초대해 축사하게 되어 영광이라고 말하면서, 일본 총영사가 한국 기념일 행사에서 축사한 것은 처음 있는 일이라고 밝혔다. 그는 한국과 일본은 파트너로서 국제사회의 다양한 이슈를 해결하는 데 매우 중요한 이웃이며, 지난 4월 윤 대통령이 극적으로 일본을 방문해 한일 정상회담을 개최하고, G7 정상회의 참석, 그리고 지난 8월 역사적인 한·미·일 캠프 데이비드 정상회담 등으로 양국 정상의 좋은 관계로 한일 간 협력이 진전되고 있어 매우 기쁘다고 소감을 밝혔다. 이어 그는 **"캠프 데이비드 한미일 정상회담이 있었듯이, 우리도 금일 국경일 행사에서 우리만의 '캠프 휴스턴'을 갖고 있는 바, 앞으로도 이곳 휴스턴에서 한국 총영사관과 경제, 문화, 에너지 등 다양한 분야에서 협력이 더욱 증진되기를 기대한다"**고 말했다.

'캠프 휴스턴'은 개천절 국경일 행사를 통해 이곳에서 매우 중요한 외교적 용어가 되었다. 우리는 새해에 양국의 휴스턴 지상사들과 상호 우호 친선 행사를 하고 한일문화행사 및 주요 이슈를 중심으로 포럼을 갖는 것이 좋겠다는 데 인식을 공유했다. 이미 한·미·일 3국은 북한 인권문제를 주제로 휴스턴 대학교에서 3국의 전문가들이 모여 세미나를 개최했던 경험이 있다. 올해엔 한·미·일 '캠프 휴스턴'정신이 우호 협력의 새로운 장을 열어 가는 키워드가 될 것임을 기대한다.

▶관련 기사
코리안저널, "부산 엑스포 홍보 앞세운 2023 국경일 행사 개최"(2023. 10.19.)
한미저널, "대한민국은 글로벌 중추 국가, 총영사관 국경일 행사 개최"(2023.10.19.)

한국전 정전협정 70주년 기념, 아칸소 주지사 그리고 "잊혀진 승리"

2023년 7월 27일은 한국전 정전협정 70주년이 되는 날이다. 한미 동맹 70주년 기념으로 개최된 정전협정 70주년 기념식은 휴스턴 총영사관의 관할 지역인 중남부 5개 주 가운데, 텍사스주 휴스턴, 엘파소, 킬린에서, 오클라호마주 로턴에서, 루이지애나주 뉴올리언스, 그리고 아칸소주 리틀록에서 우리 동포사회가 중심이 되어 매우 뜻깊게 열렸다. 대체로 동포사회에서는 이런 기념행사를 거의 비슷한 시기에 치르기 때문에 총영사가 모든 행사에 빠짐없이 참석하기란 쉽지 않다. 나는 가급적 모든 행사에 참석하려고 노력했지만, 결국 두 군데는 참석하지 못했다.

아칸소 리틀록(정나오미 한인회장)에서 열린 기념식은 인천상륙작전의 주인공인 맥아더 장군 기념관에서 성대하게 치러졌는데, 아칸소주는 제2차 세계대전과 한국 전쟁의 영웅 맥아더 장군이 이곳 출신이라 매년 한국전 정전협정 기념식에는 주지사와 주정부 관계자들이 직접 참석해 기념식을 빛내 주었다. 이날 기념식에서 나는 새라 허커비 샌더스(Sarah Huckkabee Sanders) 아칸소 주지사와 함께 축사하고, 한국전 베테랑 메모리얼 파크 헌화식을 마친 후 주지사 집무실에서 처음 면담했다. 새라 허커비 샌더스 주지사는 도널드 트럼프 전 대통령의 백악관 대변인 출신이자 아칸소 주지사를 역임한 허커비 목사의 딸이었다. 그는 현재 공화당 내에서 차차기 유력 대선 후보로 주목을 받는 여성 정치 지도자로 인지도가 매우 높다.

나는 세라 허커비 샌더스 주지사와 면담을 하면서 한미 동맹 70주년의 의미, 워싱턴 디시 한미정상회담 그리고 윤석열 대통령의 담대한 구상에 대하여 설명을 하였고, 주지사는 나에게 한국과 아칸소주와의 경제 교류 협력을 희망하는 의견을 제시했다. 나는 그에게 향후 한-아칸소 경제교류 확장을 위해 다음 해에 한국 방문을 적극적으로 권했으며, 그는 나의 권유를 흔쾌히 받아들였다.

아칸소 주지사가 금년 3월에 한국을 방문했다. 나는 약속대로 외교부 장관과 산업통상자원부 장관 면담을 주선해 주었고, 특히 주지사를 만났을 때 윤석열 대통령 면담을 주선해 주겠다고 약속했는데, 3월 11일 윤 대통령과 아칸소 주지사가 만나 한국과 아칸소주의 경제 협력과 공동 관심사를 중심으로 유익한 대화의 시간을 가졌다.

나는 주지사의 한국 방문 후속 조치로 지난 3월 26일부터 28일까지 2박 3일 일정으로 아칸소주를 방문했다. 뜻밖에도 주지사는 3월 27일에 나를 주지사 관저로 초대해 한-아칸소 경제 교류와 협력에 대해 깊은 대화를 나누었다. 이어 나는 3월 27일 수요일엔 클린턴 공공행정 대학원(Clinton School of Public Service)에서, 그리고 28일 목요일엔 아칸소 대학교 경영대에서 "Economic Cooperation Between Korea-Arkansas: Challenge and Prospect"을 주제로 특강을 했다. 현장 중심의 심방 외교가 공공외교의 빛을 발했던 시간이었다.

세라 허커비 샌더스 아칸소 주지사와 함께

"Not a forgotten war but a forgotten victory"

휴스턴에서 열린 정전협정 70주년 기념식은 6.25 73주년 기념행사와 함께 열렸다. 이 행사는 정전협정 70주년의 의미를 높이기 위해 정부(공관)와 동포사회(재향군인회 중남부 지회)가 협력해서 준비한 것으로, 우리 재향군인회 회원들과 미국 참전 용사들이 만나 서로 격려하고 상호 유대 관계를 높이는 데 좋은 계기가 되었다.

정전협정 70주년 기념식에는 휴스턴 주재 한국전 참전 유엔군 16개국 영사단을 초청했다. 한국전 참전 유엔군 16개 국가의 대표들이 주미 공관이 주최한 정전협정 70주년 기념식에 초대된 것은 처음 있는 일이었다. 나는 이 기념식을 기획하는 단계에서부터 유엔군 16개국 영사단을 초청하고, 휴스턴시로부터 16개국 국기를 빌려 행사장에 설치하는 이벤트까지 준비하도록 지시했다. 그리고 참전국 16개국을 대표해 미 국무부 휴스턴 지국장과 필리핀 총영사에게 정전협정 70주년 축사를 요청했다.

정전협정 70주년 기념식에는 한국전 베테랑들과 가족, 미 국무부 휴스턴 지국장 캐더린 호 등 미 정부 측 인사들과 연방 하원의원 측 인사들 및 주 하원 의원들, 제릴 산토스(Jerril Santos) 필리핀 총영사, 마티유 룰로(Mathieu Rouleau) 프랑스 총영사, 튀르키예 영사 등 참전국 영사단, 그리고 대한민국의 한국전 참전 용사들, 월남전 베테랑들과 재향군인회 회원들, 휴스턴 한인회장 및 한인단체 대표 등 약 120여 명이 참석해 성황을 이뤘다.

이날 기념사를 통해 나는 모든 참전 용사를 비롯해 소중한 전투 병력을 파견해 준 16개국에 대한민국의 자유와 평화를 수호하기 위해 헌신한 희생에 대해 깊은 감사를 표하고, "**한국 전쟁 이후 대한민국은 한미상호방위조약을 토대로 자유, 민주, 인권, 시장 경제 등 인류의 보편적 가치를 추구하면서 오늘날 세계 10위의 경제 대국으로 성장할 수 있었다**"고 강조했다. 아울러 "**대한민국은 글로벌 중추 국가로 발전하기 위하여 국제 규범과 가치에 근거해 자유, 평화, 번영의 국제 연대를 확산하고자 노력하고 있으며, 우리의 글로벌 경제적 지위에 맞게 그리고 미국과의 파트너십을 통해 국제사회에 지속해서 기여해 나갈 것**"이라고 밝혔다.

특히 한미 동맹 70주년이 되는 시점에서 지난 4월 한미 워싱턴 정상회담에서 워싱턴 선언을 통해 양국 간 새로운 70년을 위한 동맹의 기반을 더욱 확고하게 구축하였음을 상기시켰다. 이어 "**오늘날 우리가 누리고 있는 자유와 평화, 그리고 번영이 그냥 주어진 것이 아니라는 사실을 한국 국민들은 잊지 않고 늘 기억할 것이며, 참전 용사들의 자랑스러운 헌신과 용기의 유산은 역사에 영원히 남을 것**"이라고 강조했다.

미국 정부를 대표해 참석한 캐더린 호 OFM 휴스턴 지국장은 "**한국 전을 함께 치른 한미 동맹은 굳건할 것이며, 이곳에 참석한 많은 참전 용사들은 어디로 가는지 모른 채 국가의 부름에 응하여 한국의 자유와 평화를 위해 싸웠으며, 그러한 헌신에 경의를 표한다**"고 말했다. 이어 16개 참전국을 대표해 축사를 한 제닐 산토스 필리핀 총영사는 "**필**

리핀은 유엔의 결정에 따라 망설임 없이 기꺼이 한국전에 참여하였고, 비록 전쟁에서 많은 희생자가 발생하였지만 그렇게 피로 맺어진 친구 관계는 영원토록 지속될 것이라고 강조"했다.

이날 기념식에서 한 참전 용사의 소회는 참석자들에게 감동을 주었다. 철원 지역 전투에 참가했던 베테랑 밥 미첼(Bob Mitchell)은 지금 몇 명 남지 않은 참전 용사들을 잊지 않고 초대해 준 대한민국 정부에 감사를 표하고, "미국과 함께 한국전에 참전한 유엔군 16개 국가들의 국기를 보니 감회가 새롭다"고 말하면서 "70년이 넘는 세월이 흘렀지만 치열했던 전투 상황은 아직까지 머릿속에 생생하게 남아 있다"고 소회를 밝혔다. 그는 "오늘날과 같은 대한민국의 발전을 위해 미약하게나마 도움이 되었다는 자부심이 있으며, 한국전 참전 전우들에게 한국 전쟁은 '잊혀진 전쟁이 아닌 잊혀진 승리(Not a forgotten war but a forgotten victory)'라고 말하고 싶다"고 밝혔다. 그의 소회는 한국전 베테랑으로서 이제 불과 몇 명 남지 않은 살아있는 영웅들에게 자부심을 심어 줄 뿐만 아니라 기념식에 참석한 모든 사람에게 숙연함을 안겨 주었다.

한국 전쟁에 참전한 베테랑들에게 정전협정 70주년은 매우 뜻깊은 기념식이다. 그들은 대한민국이 어디에 있는지, 어떤 나라인지 전혀 알지 못한 채 국가의 부름을 받고 전쟁에 참여해 자신의 청춘을 바쳤다. 수많은 전사자가 발생했고, 지금도 돌아오지 않는 영웅들이 8천여 명에 달하고 있다. 몇 명 남지 않은, 살아 있는 영웅들의 삶도 머지않아

정리가 될 것이다. 전쟁 베테랑들은 여전히 전쟁의 상흔을 가슴속에 안고 살고 있다. 그들은 대한민국의 자유를 위해 하나뿐인 고귀한 생명을 아낌없이 바쳤고, 값진 희생을 마다하지 않았다.

지금 우리가 누리는 자유는 결코 공짜로 주어진 것이 아니다(Freedom is not free). 그들은 순수한 영혼을 바쳤던 전쟁이 잊혀지는 것도, 그들의 승리도 잊혀지는 것을 원하지 않는다. 대한민국의 자유와 평화, 그리고 번영의 시대가 영원히 지속되는 한 전쟁은 기억되고 승리는 기념될 것이다. 한미 동맹의 미래가 여기에 있음을 잊어서는 안 된다.

▶관련 기사
연합뉴스, "한국 전쟁 영웅 맥아더 장군 고향 아칸소주, 정전 70주년 기념식"(2023.7.29.)
코리안저널, "그날의 희생, 그들이 있었기에 지금 우리가 있습니다"(2023.6.29.)

06

육·해·공군 400명 앞에서
한미 동맹 연설

휴스턴 군사위원회(Houston Millitary Affairs Committee) 주관으로　밀리터리 볼(Millitary Ball) 행사가 열렸다(2023.5.20). 휴스턴 군사위원회는 매년 휴스턴 육·해·공군 현역과 예비역, 방위군을 초청하여 밀리터리 볼을 개최하고 있다. 이는 현재 미군이 주둔하고 있는 국가와 동맹의 의의를 되새기고 협력 관계를 더욱 공고히 하기 위한 취지의 행사이다. 휴스턴 군사위원회는 한미 동맹 70주년을 기념하기 위해 휴스턴 총영사를 초청하였고, 이날 행사에는 약 400명의 미 육·해·공군 장성 및 장교 부부들과 10여 명의 휴스턴 한인회 지도자들이 참석해 성황을 이뤘다.

　휴스턴 군사위원회는 나에게 한미 동맹 70주년 기념으로 연설을 요청했다. 나는 위원회의 제안을 흔쾌히 수락했다. 마침 4월에 워싱턴 디시에서 윤석열 대통령께서 국빈 방문을 하시고 역대 최고의 한미정상회담을 성공적으로 마친 뒤라 위원회의 제안은 미군 현역 및 예비역

관계자들에게 한미 동맹의 가치와 정신 그리고 대통령의 국빈 방문과 정상회담 결과를 설명할 좋은 기회가 되었다.

밀리터리 볼 행사는 매우 성대하게 열렸다. 행사장에 입장할 때 주요 인사들의 이름이 호명되면 메인 홀 안으로 걸어 들어가 미리 정해진 테이블에 착석했다. 물론 행사에 참석한 수백 명의 참가자는 이미 자리에 앉아 있었다. 마지막에 행사를 빛낼 주요 인사들 10여 명만 박수를 받으며 입장했다. 나는 세 번째로 호명되어 현역 및 예비역 장성들과 수많은 장교의 박수를 받으며 당당하게 입장했다. 한미 동맹 70주년을 기념하는 스피커(Speaker)로서 뿌듯한 순간이었다.

공식적인 행사가 시작되었다. 한미 동맹 70주년 기념이라 행사장에서 애국가와 미국 국가가 연주되자 가슴이 뭉클했다. 미군 현역 및 예비역 장성들과 장교들이 모인 곳에서 애국가를 부르니 눈시울이 뜨거워졌다. 몇몇 순서가 지난 후 사회자가 내 이름을 불렀다. 나는 자리에서 일어나 단상 위로 당당하게 걸어 올라가 준비된 원고를 꺼내어 기념 연설을 시작했다. 어눌한 영어 발음이었지만 나는 분명하고 자신감 넘치는 어조로 연설을 시작했고, 모든 시선이 나에게 주목되도록 강약과 템포를 조절하며 연설을 했다.

"미래로 전진하는 행동하는 동맹"

이날 연설을 통해 나는 올해가 한미 동맹 70주년을 맞이하는 해로서 한국전 정전협정 70주년이 되는 해라는 것을 밝히고, 1953년 한미 상호방위조약 체결을 통해 한반도 내 미군 주둔은 한반도와 동북아 지역이 안정된 환경에서 자유와 평화 그리고 번영을 누릴 수 있게 되었다고 강조했다. 대한민국은 전쟁의 폐허를 극복하고 놀라운 속도의 경제 발전과 민주화를 일궈 내고, 현재는 군사력 세계 6위 군사 강국 및 글로벌 소프트 파워(Global soft power) 국가로 성장했다. 이러한 성과는 한국의 자유와 평화를 지키기 위해 싸워 준 180만여 명의 미군과 한국전에서 목숨을 잃은 34,000여 명의 젊은 군인의 값진 희생이 없었다면 이룰 수 없었다고 하면서 대한민국 정부와 국민을 대신해 진심으로 감사를 드린다고 말하자, 참석자들은 큰 박수로 호응했다.

이어 나는 지난 4월 윤석열 대통령은 **"미래로 전진하는 행동하는 동맹"** 주제로 미국을 국빈 방문하고 워싱턴 한미정상회담, 미 연방의회 연설, NASA 고다드 비행센터 방문 등을 통해 한미 동맹의 다양한 분야의 발전·확대를 위한 기반을 마련하게 되었다는 점을 강조했다. 특히, **"'한국전 명예훈장 수여자의 신원확인에 관한 공동성명'채택으로 양국 정상은 한국전 실종자들을 끝까지 찾고자 하는 노력을 지속할 것이라는 강한 의지를 천명하였다"**고 말하자 우렁찬 박수 소리가 행사장에 울려 퍼졌다. 특히, 미군 현역 및 예비역 장성과 장교들 가운데 주한미군으로 일정 기간 근무했던 분들이 많아 그들은 나의 연설에 더 깊은 반응을 하는 것처럼 느껴졌다.

한미 동맹 70주년 기념 연설 중

또한 연설을 통해 나는 북한은 1984년부터 2022년까지 무려 186발 이상의 미사일을 발사하고, 작년에만 42개 이상의 미사일을 발사하는 등 한반도 긴장 상태를 지속적으로 고조시키고 있음을 밝히고, 이러한 배경으로 4월 26일 한미정상회담 결과로 양국 정상은 워싱턴 선언을 발표하게 되었다고 밝혔다. 또한 이 선언의 핵심에 핵협의그룹 신설을 통해 핵 사용 및 억제와 관련된 의사 결정 과정을 한국과 미국이 함께하겠다는 내용이 담겨 있다는 점을 설명하면서 이것은 한반도 전쟁 억제와 평화를 위한 최상의 선택으로서 이제 한미 동맹은 70년 전 재래식 무기의 군사 인보동맹에서 핵무기 중심의 군사 안보 동맹의 높은 차원으로 발전하게 되었음을 강조했다.

휴스턴 군사위원회의 연설은 윤석열 대통령의 '담대한 구상'을 핵심적으로 설명할 좋은 기회였다. 나는 **"작년에 윤 대통령은 8.15 경축사를 통해 대북정책의 획기적 전환으로서 '담대한 구상'을 발표해 북한을 비핵화 협상 테이블로 이끌 수 있는 3D 해법을 제시했다"**고 밝혔다. 이것은 북한의 핵 위협에 대한 우리의 억제력을 강화해 북한이 핵 개발을 하지 않도록 설득하고 대화와 외교를 통해 북한의 비핵화를 유도하는 정책이라고 설명했다.

그리고 이 뜻깊은 자리엔 한국전에 참전한 가족이나 한국 주둔 경험이 있는 분들이 계신다는 점을 상기시키면서 그분들이야말로 우리의 진정한 친구이자 강력한 한미 동맹을 유지하는 근간이라고 강조하고, **"한미 동맹은 자유, 평화, 민주주의라는 공통의 가치를 공유하는 친구 관계임을 밝히면서 미래의 70년에도 한미관계가 지속적으로 발전하고 영원한 한미 동맹을 기원"**하며 나의 연설을 마쳤다. 환호와 박수가 나의 마음을 흔들었다.

이날 초대받은 또 다른 스피커는 텍사스 킬린에 주둔한 후드 포트 (Hood Port) 사령관 숀 베나베(Sean Bernabe) 장군(중장)이었다. 후드 포트는 미국에서 가장 규모가 큰 군부대 중 하나로 한국 전쟁 당시 가장 많은 군인을 파병한 부대로써 지금도 주한미군을 파병하고 있어 우리 한국에겐 매우 중요한 부대이다. 이날 손 장군은 연설을 통해 **"이곳에 모인 현역 군인들은 괌, 하와이, 오키나와, 평택 등 다양한 지역으로 파병이 되었거나 파병 예정일 텐데, 나라를 위해 타 국가에 파병된다는 것은 매우 자랑스러운 사명"**이라고 말했다. 이어 그는 자신이 한국에 주둔할 때 **"같이 갑시다(We go together)."**라는 구호를 외쳤다고 하면서 그는 이 구호를 한국어로 크게 외치면서 여러분들로 동맹국과 함께 거대 세력에 맞서는 영광스러운 경험을 할 수 있기를 바란다고 했다. 손 장군이 한국어로 또렷하게 **"같이 갑시다"**라고 외쳤을 때 내 가슴은 뜨거워졌다. 한미 동맹이 피로 맺어진 동맹임을 순간적으로 피가 끓듯 느꼈다.

내가 연설을 마치자 휴스턴 군사위원회 회장은 나에게 의미 있는 기념패를 선물했다. 그것은 한미 동맹 70주년 기념을 주제로 열린 밀리터리 볼 행사 스피커에게 주는 선물이었다. 기념패에는 **"Distinguished Allied Speaker(저명한 동맹국 스피커)"** 문구가 적혀 있었다. 동맹국의 대표인 나를 예우하는 표현이다. 나는 비록 연약하고 부족하지만 총영사로서 한미 동맹 강화를 위한 사명에 헌신할 것을 다시 한 번 다짐했다.

▶관련 기사
연합뉴스, "정영호 주휴스턴 총영사, 미군 행사서 굳건한 한미 동맹 강조"(2023.5.22.)
코리안저널, "정영호 총영사, 육·해·공군 400명 앞에서 한미 동맹 연설"(2023.5.25.)

07

미주 공관 최초
한국전 참전 실종자 추모 예배

한미 동맹 70주년 기념의 해 가장 두드러진 점은 한미 양국에서 생존해 계시는 한국전 참전 베테랑들과 가족들을 초대해 다양한 기념행사로 위로와 축하를 전하는 데 많은 정성을 기울였다는 점이다. 한국전쟁 발발 당시 미국의 참전 병사들 대부분은 평균 19세, 20세 연령대의 젊은 청년들이었다. 정전협정 70주년이 되는 해에 생존해 있는 베테랑들의 평균 나이는 92세 전후로 매우 연로한 분들이었다.

한국전 70주년 기념에 소외된 아니 우리의 기억 속에서 잊혀진 전쟁 영웅들이 있다. 그들은 **'돌아오지 않는 영웅들'**로서, 전쟁 실종자들이다. 한국 전쟁 참전 미군 병사들 가운데 아직 유골을 확인하지 못한 실종자들이 약 8,000여 명에 달한다. 미 국방부에서는 지금도 이들의 유골을 찾기 위해 노력하고 있을 뿐만 아니라 실제 명단 파악에도 최선을 다하고 있다.

평소 나는 한국전 참전 베테랑을 기념하고 섬기는 일 외에도 아직도 확인되지 못한 실종자들에게도 관심이 있었다. 뜨거운 여름이 지나고 아침저녁으로 바람이 살살 불어오는 9월 중순 어느 날 아침 묵상 가운데 내 마음속에서 울려 나오는 소리가 들렸다. 한미 동맹 70주년을 맞이해 실종자들을 기억하는 기념행사를 하는 게 중요하다는 마음의 소리였다. 나는 이 일을 적극적으로 추진하기로 마음을 먹고 어떻게 추진하는 것이 좋을는지 여러 생각을 하면서 뜻을 결정했다.

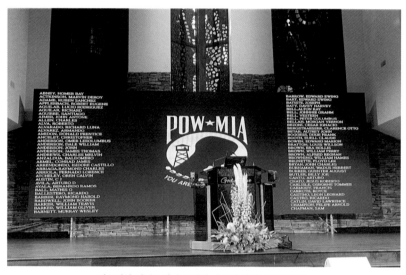

메모리얼 서비스에서 공개된 한국전 참전 실종자 명단

휴스턴 기독교 교회연합회 회장(송영일 목사)과 목사회 회장(이인승 목사) 두 분을 오찬에 초대했다. 두 목사님과 식탁의 교제를 나누면서 한미 동맹 70주년의 의미를 차분하게 설명하고, 베테랑들을 위로하고 축하하는 것 이상으로 중요한 일이 하나 있는데, 그것이 바로 참전 실종자들을 추모하는 일이라고 말했다. 그리고 '한미 동맹 70주년 기념 한국전 참전 실종자 추모 예배'를 교회연합회와 목사회가 주최해 줄 것을 적극적으로 요청했다. 성령의 감동이 있었는지 두 분 목사님께서 정말 의미 있는 예배라고 하면서 추모 예배를 준비하겠다고 약속하였다.

그러나 이 행사를 잘 준비하기 위해서는 예산이 필요했다. 교회연합회에는 이와 관련한 예산이 없었다. 물론 이런 행사를 위해 공관에서 특별한 예산이 편성된 것도 아니었다. 휴스턴에서 독실한 신앙생활을 하는 몇 분을 저녁 식사 자리로 초대해 이 뜻깊은 추모 예배의 취지와 목적에 대해 차분하게 설명하고, 그분들이 교회연합회를 돕는 방안을 함께 논의했다. 하나님의 은혜로 이 가운데 한 분이 필요한 예산을 헌금하겠다고 밝혔다. 적지 않은 예산임에도 그분은 제 이야기를 듣는 순간 추모 예배에 대해 감동하였다고 말하면서 마음속으로 기도를 하고, 헌금을 드리겠다는 결단을 하게 되었다고 밝혔다.

이제 추모 예배를 드릴 수 있는 교회를 선정하고, 예배 순서와 추모 예배의 의미를 높일 수 있는 특별한 순서들을 어떻게 준비하고 어떤 분들을 초대할 것인지를 결정하는 일만 남았다. 우리 공관의 문화 담당 영사에게 미 국방부와 텍사스주 베테랑 협회 등을 통해 텍사스주 참전 실종자들의 규모와 명단 파악을 할 것을 요청했다. 그리고 행사에 필요한 MIA(Mission In Action)을 상징하는 깃발을 준비하고, 휴스턴 군사위원회 회장단 참석과 기념사를 할 현역 장성을 소개받는 등 몇 가지 중요한 일들을 진행하라고 부탁했다.

"자유는 공짜가 아니다", "아름다운 이름 부르기"

한국전 참전 실종자 추모 예배의 하이라이트는 생존한 베테랑들이 텍사스에서 파병해 함께 전쟁에 참전했던 실종 전우의 이름을 부르는 것이었다. 이 행사를 기획하면서 실종 전우의 이름을 부르는 순서를 **아름다운 이름 부르기(We never forget the beautiful names)**"라고 불렀다. 텍사스주에서 참전한 병사들 가운데 실종자 규모는 약 1,000여 명에 달했다. 이 가운데 공개적으로 이름을 밝힐 수 있는 명단은 약 458명이었다. 생존한 베테랑 5명에게 각 20명씩 옛 전우들의 이름을 부르는 순서를 맡겼다. 그 가운데 한 분은 실종자 명단을 보면서 희미한 기억 속에 남아 있던 친구들의 이름을 발견하고 자신이 직접 그 이름을 부르겠다고 요청했다. 정말 감동적인 순간이었다.

10월 22일 오후 4시, 휴스턴 한인중앙장로교회(이재호 목사)에서 약 100여 명이 참석해 미주 공관 최초로 한미 동맹 70주년 기념 한국전 참전 실종자 추모 예배를 드렸다. 이 자리에는 텍사스주 경비대(Texas State Guard) E.A. 버디 그랜담(Buddy Grantham) 장군, 휴스턴 군사위원회(Houston Millitary Affairs Committe) 유진 툴리히(Eugene Tulich) 회장과 임원진, 텍사스 론스타 챕터(Lone Star Chapter) 소속 한국전 참전 베테랑과 가족 등, 그리고 한인단체장들과 교회연합 임원진 및 목사회 소속 회원 부부 등 약 100여 명이 참석했다.

나는 추모 예배 기념사를 통해 워싱턴 디시 한국전 베테랑 메모리얼 파크의 벽에 기록된 **"자유는 공짜가 아니다**(Freedom is not free)"라는 문구를 인용해 **"오늘날 대한민국이 누리는 자유는 한국전 참전 용사들의 값진 희생으로 얻은 것"**임을 강조하면서 우리가 실종자 추모 예배를 드리는 의미가 무엇인지 설명하였다. 그리고 이 자리에 함께하고 있는 살아 있는 영웅들과 그 가족들에게 따뜻한 박수를 달라고 요청하고, **"우리는 돌아오지 않는 영웅들에게 깊은 감사를 전하고 그들의 가족을 도울 때가 되었다"**고 하면서 **"앞으로 미국 대도시에서 이런 추모 예배가 많이 열리길 희망한다"**고 말했다.

추모 예배 하이라이트인 **아름다운 이름 부르기**(We never forget the beautiful names) 순서는 모든 참석자의 눈물로 예배를 감동으로 물들였다. 이 순서에서 텍사스주 출신 한국전 참전 실종자 명단이 대형 스크린에 나오는 동안 론스타 챕터(Lone Star Chapter) 소속 한국전 참전 베테랑 5인이 차례로 실종자들의 이름을 부르며 그들의 유해가 하루속히 가족들의 품으로 돌아오길 기원했다. 옛 전우들의 이름을 부르는 베테랑들의 목소리는 떨렸다. 한 분 한 분 이름이 호명될 때마다 그들의 입술은 가볍게 떨렸고, 그들의 눈가엔 눈물이 고였다. 우리는 그 모습을 보면서 눈을 감고 기도하며 조용히 눈물을 흘렸다. 수건을 꺼내 들고 흐르는 눈물을 닦는 동포들도 있었다.

추모 예배는 감동으로 충만한 시간이었다. 나는 동포사회와 추모 예배를 기념하면서 우리가 한미 동맹의 새로운 미래를 열기 위해 실종자 추모 예배를 휴스턴을 비롯해 워싱턴 디시, 뉴욕, 그리고 로스앤젤 레스 등 대도시를 중심으로 매년 개최하는 것이 중요하다고 생각했다. 돌아오지 않는 영웅들의 가족을 초대하고 그들의 스토리텔링을 발굴 해 아름다운 이야기들을 동포들과 공유하는 것은 매우 감동적인 일이 다. 나는 대한민국이 영원히 그들을 잊지 않고 기념하는 추모 행사를 추진하기 위해 대도시 동포사회 목회자들, 지도자들과 의견을 교환하 고 있다.

▶관련 기사
서울경제, "'돌아오지 않은 영웅 기억해야'… 휴스턴서 한국전 참전 실종자 추모 행사"(2023.10.24.)
연합뉴스, "미 휴스턴에서 열린 한국전 참전 실종자 추모예배"(2023.10.24.)
코리안 저널, "한미 동맹 70주년 기념, 미주 최초 대한민국 정부 주도 '한국전 참전 용사 실종자 추모 예배'엄숙 거행"(2023.10.26.)

제2장

경제 안보와 기술 동맹의
전략적 중심지 텍사스

08

한미 경제 협력 중심지로
떠오른 텍사스

최근 한 행사에서 텍사스주 테일러시장과 오스틴 북부와 테일러 관할 윌리엄슨 카운티 저지(Judge)와 만나 반가운 인사를 나눴다. 그들은 한글이 병기된 명함을 건네며 한국 기업들과 언제든 대화하고 싶다는 열정을 보였다. 삼성을 비롯해 많은 기업들이 텍사스에 진출하면서 BTS 등 한국 대중문화와 못지않게 텍사스에서 한국 기업들의 인기는 매우 높다.

텍사스가 한미 경제·기술 협력의 중심지로 급부상하고 있다. 텍사스는 친기업적인 주(州)로 미국 내에서 알래스카에 이어 두 번째로 크고, 캘리포니아에 이어 GDP가 두 번째로 높다. 한-텍사스 교역량은 2022년 328억 불로, 2021년 대비 14% 증가하면서 한국은 멕시코, 캐나다, 중국에 이어 텍사스의 4위 교역국으로 올라섰다. 휴스턴에는 SK, 현대 등 에너지 관련 우리 기업들이 빠짐없이 진출해 있고, 오스틴에는 삼성전자에 이어 국내 반도체 관련 협력사들의 진출도 꾸준히

늘고 있는 상황이다. 최근에는 테슬라, SK 시그넷 등 국내외 대기업 협력 업체들과 바이오 기업들의 텍사스 진출도 이어지고 있다.

텍사스는 한미 양국 정상이 협력 확대를 약속한 반도체, 우주, 바이오 등 첨단 가술 분야의 중심지라는 점에서 미래 한미 산업 협력 확대 가능성이 매우 높은 곳이다. 삼성전자가 위치한 오스틴은 반도체, 컴퓨터, 소프트웨어 등 북미 최대의 반도체 생산, R&D 센터 밀집 지역으로 실리콘 힐(Silicon Hills)이라고 불린다. 삼성이 오스틴과 가까운 테일러 지역에 추가로 공장을 신설함에 따라 한미 반도체 공급망 협력은 한층 강화될 것이다. 이를 우리 국내 기업 동반 진출과 연관 수출 확대로 연계해 양국 공급망 협력이 우리 반도체 성장에 기여하도록 해야 한다.

총영사관이 위치한 휴스턴에는 세계 최대 의료 단지인 TMC(Texas Medical Center)가 위치해 있다. 한국에도 잘 알려진 MD Andrson 암 센터를 포함해 60여 개 의료기관이 모여 있고, 10만여 명이 종사하고 있는데, 향후 5년 내 60만 평 규모의 자체 의약품 생산 시설인 바이오 포트(BioPort)를 건설해 바이오 산업 생태계를 구축하고 규모와 고용 인원을 2배 이상으로 늘린다고 한다. 우리 국내의 우수한 바이오 기업들과 TMC 간 임상시험, 제품 상용화 협업, 전문가 교류 등을 통해 미국 바이오 시장 개척을 추진할 필요가 있다고 본다.

또한 텍사스에는 유인 우주 임무 콘트롤 타워이자 우주 비행사 훈련 본거지인 나사존슨스페이스 센터와 스페이스X 등 민간 우주 기업들의 주요 시설이 위치해 있다. 달, 화성 탐사를 위해 정부와 민간이, 또 세계 여러 나라가 모여 박차를 가하고 있다. 한미 양국 정상이 달 탐사를 위한 아르테미스 프로그램 협력 의지를 확인한 만큼, 이제 우주 탐사 분야에 대한 구체적 협력 방안을 도출하고 양국 기업 협력으로 확대해 나가야 한다.

마지막으로 글로벌 공급망 재편 관련해 에너지 분야도 기존의 오일가스뿐만 아니라 양국의 공통 관심사인 수소, 암모니아 그리고 CCUS 등 에너지 신산업 분야에서 글로벌 에너지 신시장을 선점할 수 있을 것이다.

올해는 한미 동맹 70주년을 맞는 중요한 해이다. 그간 안보 동맹을 넘어 산업동맹, 기술 동맹으로 발전해 온 한미 동맹이 더 크게 도약하는 계기로 삼아야 할 것이다. 우수한 첨단 기술의 인프라를 보유한 텍사스에서 우리 기업들이 다양한 시도를 통해 미국 시장을 개척함으로써 텍사스가 양국 간 경제 안보·과학 기술 협력의 중심지가 되기를 기대한다. **＊서울경제신문 기고문**(23.7.5)

▶관련 방송 인터뷰
연합뉴스 경제TV, "한미 반도체협력 핵심지역인 텍사스, 총영사가 열심히 뛰는 이유는?(정영호 주휴스턴대한민국 총영사)/광화문 초대"(2023.4.8.)

09

텍사스 주의회
경제위원회 청문회서
한·텍사스 경제 교류 설명

텍사스 주의회 하원 국제관계·경제위원회가 뜻밖의 요청을 했다. 위원회가 텍사스주와 긴밀한 협력을 하고 있는 주요국과의 협력 발전방안 수립을 목적으로 총영사관 및 현지 관계기관들의 의견을 청취하기 위한 청문회를 개최하면서 우리 총영사관에 한-텍사스 경제 협력 현황 및 발전 방안에 관한 발표를 요청했다.

총영사로 부임한 지 불과 2개월이 조금 지난 시점에서 게다가 아직 한-텍사스 경제 교류 현황에 대해 상세한 파악을 하지 못한 상태라 주의회의 청문회 요청에 약간의 부담을 느꼈다. 게다가 4월에 워싱턴 한미정상회담 개최 예정인 시점에서 청문회가 열리기 때문에 더욱 그러했다. 그러나 과거 약 15년 동안 국회에서 국회의원 수석 입법 보좌관과 최연소 국회부의장 비서실장(1급)을 역임하고 국회 운영 시스템과 회의 진행 방법 등에 대해 경험과 지식을 갖고 있어 크게 걱정하지는 않았다.

휴스턴 총영사관에는 휴스턴이 국제경제 중심 도시라는 특성에 맞게 산업통상자원부에서 파견한 유능한 상무관이 주재하고 있어 상무관에게 반도체, 에너지, 바이오 메디컬, 그리고 신재생 에너지 등 몇 개 주제별로 분류해 청문회 자료를 준비해 달라고 요청하고, 개인적으로도 관련 자료들을 수집해 다양한 정보와 전문 분야의 지식을 습득하는데 시간을 투자했다. 또한 정무 영사를 데리고 청문회 전에 오스틴에 있는 텍사스주 의회를 방문해 청문회가 열릴 회의장으로 가는 동선을 파악하고, 의회 관계자의 도움을 받아 청문회장 내부를 사전 답사하는 등 세심한 부분까지 점검하였다.

2023년 3월 14일 오전 9시에 청문회가 개최될 예정이라 통역을 담당할 정무 영사와 청문회에서 내가 발표할 자료를 파워포인트로 준비한 상무관과 함께 이른 아침에 관저를 출발해 오스틴으로 떠났다. 회의 시작 30분 전에 도착해야 하기에 우리 일행은 오스틴까지 소요될 2시간 40분 이동 시간을 고려해 새벽 5시 30분에 길을 떠났다. 승용차로 이동하는 시간을 이용해 청문회에서 발표할 자료들을 꼼꼼하게 살펴보았다.

청문회장에 도착해 회의장 안으로 들어가니 이미 텍사스주 내 주요 경제 기관의 청문회가 진행되고 있었다. 오전 9시 10분 주의회 하원 국제관계·경제위원회에서 한-텍사스주 경제 협력 및 발전 방안 청문회가 시작되었다. 먼저 위원장이 나와 우리 영사들을 소개하고 청문회의 취지와 목적을 설명했다. 이어 위원장은 나에게 발표를 요청했다. 발표는 먼저 준비해서 배포한 파워포인트 자료들을 중심으로 주제별로 내가 한국어로 발표하면 우리 정무 영사가 영어로 통역했다. 우리 공관의 정무 영사는 어려서부터 영국에 유학해 대학을 나온 분이라 영어 통역을 매우 유창하게 하였다. 정무 영사가 유창하게 통역하는 모습을 지켜보면서 나는 대한민국 외교관의 실력이 매우 우수함에 뿌듯함을 느꼈다.

텍사스 주의회 청문회를 마치고

청문회에서 한미 양국은 2012년 FTA 체결 이후 교역·투자 규모가 급증하는 등 경제 협력이 강화되었고, 특히 텍사스주는 반도체, 바이오, 우주항공 등 분야에 강점이 있어 2022년 5월 한미정상회담에서 양국 대통령이 합의한 첨단기술 협력을 실현할 수 있는 현장이라는 점을 강조했다. 특히, 삼성전자가 1998년부터 운영 중인 오스틴 반도체 공장에 이어 테일러시에도 2024년 가동을 목표로 170억 불 규모의 신규 반도체 공장을 건설하고 있어 텍사스는 양국 반도체 공급망 협력의 핵심 지역이라고 설명했다.

글로벌 공급망 차원에서 한국과 텍사스는 중요한 파트너

청문회 발표를 통해 향후 한-텍사스 경제 협력 강화를 위해 △반도체 협력사 현지 진출 확대, △양국 우주 관련 연구 개발·기업 협력 확대, △텍사스 메디컬 센터(TMC) 확장 과정에서 한국 바이오 기업들과의 협업 촉진, △수소, 재생 에너지, CCUS 등 에너지 신산업 분야 협력, △증가하는 선박 수요에 대응한 조선 분야 협업 확대 등을 제안했다. 발표 자료는 매우 완벽했다. 우리 상무관은 주제별로 간략하면서도 핵심 사안을 중심으로 훌륭한 파워포인트 보고서를 만들었다.

발표가 끝나자 여러 위원의 질문이 이어졌다. 대부분 오스틴과 테일러시를 중심으로 삼성의 거대한 규모의 반도체 산업 투자에 대해 깊은 관심을 표명했고, 특히 공화당 소속 위원장 앤지 첸 버튼(Angie Chen Button)은 한국이 반도체 등 분야에서 텍사스와 매우 중요한 파트너라고 하면서 한국의 반도체 지원 제도에 대해 문의하고, 최근 반도체 등 전략기술 시설 투자에 관한 세액공제율을 15%로 상향(현행 8%, 대기업 기준)하는 내용의 'K-칩스법'(조세특례제한법)이 연방의회에서 논의되고 있음을 설명하였다.

여러 위원의 질의를 마친 후, 나는 마무리 발언을 통해 반도체 공급망 고도화를 위해서는 한국 기업의 협력이 필수적이나 최근 발표(2.28.)된 미국 반도체 및 과학법(Chips and Science Act) 세부 지침, 가드레일 규정 등이 기업들에게 과도한 부담이 될 수 있고, 대미 투자 매력도 저하시킬 수 있다는 우려를 전했다.

텍사스주 의회가 대한민국의 총영사를 초청해 경제 협력 확대 방안을 주제로 청문회를 개최한 것은 처음 있는 일이다. 주의회가 한국에 대해 깊은 관심을 갖는 것은 대한민국이 세계 경제에서 차지하는 비중과 한국 기업들, 특히 삼성의 반도체 설비 투자로 인한 텍사스주의 일자리 창출 효과 및 에너지 협력 비중 강화, 그리고 한미 동맹 70주년에 대한 의미 부여 등의 이유 때문이다. 2022년 12월 말 기준으로 한-텍사스 교역량의 규모는 328억 불이며, 이는 텍사스주가 교역하는 국가들 가운데 4위에 해당하는 규모이다.

한-텍사스 경제협력과 텍사스에서 한국의 비중은 앞으로 더욱 커질 것이다. 텍사스주는 한국 기업엔 기회의 땅이며, 이곳은 변화와 혁신이 지배하는 곳이다. 내가 텍사스 1호 영업 사원으로 열심히 뛰는 이유가 여기에 있다.

▶관련 기사
연합뉴스, "휴스턴 총영사, 텍사스주 하원 청문회서 한미협력강화 방안 제안"(2023.3.16.)
코리안저널, "정영호 총영사, 텍사스주 하원委에서 '韓-텍사스 경제 협력 방안' 발표"(2023.3.16.)

10

도시의 변화와 혁신을 주도하는 테일러시와 삼성반도체

텍사스주에 도전과 변화, 그리고 혁신의 바람이 불고 있다. 이 바람은 인구 15,000명 정도의 소도시 테일러시가 주도하고 있다. 테일러시는 전통적으로 농업과 목축업 중심의 작은 도시로 텍사스 카우보이 영화에서 볼 수 있는 시골 분위기가 물씬 풍기는 곳이다. 텍사스의 주도인 오스틴에서 승용차로 약 30분 거리에 위치해 있다.

텍사스의 소도시 테일러에 세계적인 규모의 삼성반도체 공장이 설립되고 있다는 것은 매우 놀라운 일이 아닐 수 없다. 어떻게 이런 일이 일어날 수 있을까? 나는 작년 4월에 테일러시장과 윌리엄슨 카운티 저지(Judge)를 만났다. 삼성반도체 공장을 적극적으로 유치해 시골 도시의 도전과 변화 그리고 혁신의 돌풍을 일으킨 주역들을 만나 그들이 이런 혁신적인 일을 추진하게 된 배경과 향후 삼성반도체 공장을 통해 어떻게 도시의 미래를 펼쳐 갈 것인가에 대하여 대화를 나누는 것은 매우 흥미로운 일이 아닐 수 없었다.

삼성전자는 1996년 오스틴시에 반도체 공장을 세우기 위해 첫 삽을 뜬 이후, 약 23년간 오스틴 부지에 총 180억 달러를 투자했다. 그리고 2020년 텍사스 중심부에 약 1만 개의 일자리를 창출하고, 4억 6,800만 달러가 넘는 임금을 지불하여, 총 45억 달러 이상의 경제적 효과를 창출해 텍사스를 기회의 땅으로 변화시켰다.

브랜트 라이델(Brandt Rydell) 테일러시장과 빌 그라벨(Bill Gravel Jr.) 텍사스주 윌리엄슨 카운티 저지는 이러한 현실에 매우 고무되었다. 두 사람은 세계적 규모의 반도체 공급망 확보가 계속 확장되어 갈 것을 예상하고 오스틴 근교에 삼성반도체 공장이 새롭게 건설될 경우, 가장 적합한 후보지가 테일러시라고 판단해 삼성반도체 공장 유치에 전력을 기울이며 혁신적 도시의 미래를 꿈꾸었다. 그리고 그들은 여러 차례 한국을 방문해 삼성반도체 평택 공장을 돌아보고 삼성전자 임원진들을 면담해 지속적인 협상을 통해 강한 신뢰 관계를 구축했고, 신규 공장 건설에 필요한 부지와 사회 간접 자본 시설 투자, 전기와 물 공급 등을 획기적으로 제안하고 텍사스주 정부의 파격적인 지원까지 얻어 테일러시에 삼성반도체 공장 유치에 성공했다.

삼성전자는 2022년 테일러시에 새로운 공장 건설을 착공해 2024년 가동을 목표로 하여 5G와 인공지능(AI), 고성능 컴퓨팅(HPC) 등 다양한 분야의 차세대 기술에 힘을 실어줄 첨단 반도체 생산량을 끌어올리고, 글로벌 반도체 공급망 안정성에 이바지하기 위해 노력하고 있다. 삼성전자는 테일러시에 약 170억 달러(약 22조) 이상을 투자하고 완공

후 약 2만여 개 일자리가 창출될 것으로 보아 테일러시와 윌리엄슨 카운티에 발생할 경제적 효과는 텍사스 시골 마을을 혁신 도시로 변화시키면서 새로운 미래를 여는 기회의 땅으로 만들 것이다.

테일러시 시장과 관계자들

나는 윌리엄슨 카운티 저지를 만나 한국 기업이 테일러시를 비롯해 윌리엄슨 카운티에 진출하도록 획기적인 방안을 제시해 준 것에 대해 감사를 표하고, 테일러시에 진출을 희망하는 반도체 관련 부품 제조 한국 기업들을 대상으로 윌리엄슨 카운티를 적극적으로 소개하겠다고 말하면서 기업 진출 시 불필요한 환경을 적극적으로 개선하고 좋은 투자 환경을 만들어 줄 것과 전문직 비자 쿼터 확보가 필요한 경우, 카운티 저지도 이에 관심을 두고 텍사스주 정부와 연방정부에 필요한 지원에 나서 줄 것을 요청했다.

윌리엄슨 카운티 저지는 대한민국의 총영사가 자신을 찾아온 것은 처음 있는 일이라며 매우 반가워했다. 그는 나에게 한화가 자동차 부품 생산을 위해 윌리엄슨 카운티 북부지역에 1억 8천만 달러 규모의 공장을 건설할 예정이라고 밝히면서, 현재 삼성전자, 델, 애플 등이 소재한 윌리엄슨 카운티는 반도체와 컴퓨터 산업이 강하고, 한화의 진출로 자동차 부품으로도 산업을 다변화할 수 있어서 매우 기쁘다고 말했다. 그리고 서울에 미국 진출을 고려하고 있는 한국 기업을 지원하기 위해 카운티 사무소를 개설할 예정이라고 말하면서 앞으로 나와 지속적인 소통을 통해 한국 기업과 텍사스의 친화적 관계를 발전시켜 가는 데 최선을 다하겠다고 약속했다. 특히 빌 그라벨 카운티 저지는 자신도 목사 출신인데, 한국의 총영사도 목사 출신이라 매우 반갑다며 나와 소통하는 것을 매우 좋아했다.

테일러시, 한국 기업 진출의 문 활짝 열려 있어

나는 테일러시장을 만나 한국 기업들이 삼성과 함께 테일러에 진출해 산업 생태계가 형성되길 희망한다고 말하면서 테일러시와 서울시 금천구와의 자매 도시 결연을 제안했다. 또한 한국 최대 IT 벤처 기업들이 입주해 있는 가산디지털산업단지가 소재한 금천구의 경제 현황과 산업구조 등을 설명하고 삼성반도체 공장이 들어설 테일러시와 IT 및 전자 산업체들이 모여 있는 금천구가 자매 도시가 된다면 상호 시너지 효과가 클 것이라며, 테일러시가 관심이 있다면 금천구와 연결해 금천구 사절단이 테일러시를 방문하도록 주선하겠다고 약속했다.

브라이언트 라이델 시장은 테일러시가 삼성뿐만 아니라 한국 기업들이 텍사스 진출의 본거지가 되기를 바란다면서 금천구의 자매 도시 제안을 환영한다고 밝혔다. 그는 테일러시가 농업 중심 도시에서 산업도시로 큰 변화를 추진하고 있으며, 삼성을 중심으로 한 산업 생태계가 조성되길 강력히 희망하나 어떠한 분야의 기업에도 진출의 문은 열려 있다고 말했다. 이어 그는 한국의 총영사가 직접 테일러시를 방문한 것도 처음 있는 일이며, 자매 도시 제안과 기업 진출의 미래를 위해 상호 협력 하는 문제로 소통을 하게 되어 매우 기쁘다고 밝히면서 앞으로 한국 기업이 테일러시에 진출하는 데 어려움이 없도록 지속적으로 소통하고 지원을 하겠다고 밝혔다.

이후 총영사관의 상무관이 금천구와 테일러시 관계자들이 자매 도시 체결 문제를 협의하도록 네트워크를 구축해주었고, 두 도시 간 관계자들의 지속적인 소통을 통해 작년 11월에 금천구청장과 구청 관계자들이 테일러시를 방문해 두 도시 간 파트너십(Partnership)을 체결했다. 앞으로 두 도시 간 활발한 경제 및 문화 교류를 기대한다.

미국 진출을 희망하는 국내 기업의 경우 미국의 지방정부가 기업들에 제공하는 다양한 인센티브 등을 충분히 활용해 진출 성과를 극대화할 필요가 있다. 나는 텍사스주 1호 영업 사원으로서 텍사스 주정부, 카운티, 시 그리고 지역개발공사 등 관련 기관들과 긴밀한 협력 관계를 유지하고, 이를 더욱 강화해 텍사스 진출을 희망하는 우리 기업을 적극적으로 지원할 경제 플랫폼을 만들 계획을 갖고 준비하고 있다.

이미 작년 2월에 휴스턴 주재 지상사 및 상공인을 위한 경제인 협력 플랫폼 행사를 했고, 올해 2월 16일엔 더 큰 규모로 '한-텍사스 경제 플랫폼' 행사를 개최했다. 나는 이것을 기반으로 올 상반기 중에 '한-텍사스 경제 포럼'을 출범해 텍사스에 진출하려는 우리 기업들을 적극적으로 지원하려고 한다. 또한 작년 9월에 아칸소주 경제개발청장을 휴스턴으로 초대해 이곳에 진출한 30여 개 우리 기업 관계자들을 대상으로 아칸소주 투자설명회를 갖도록 지원했다.

나는 텍사스주 1호 영업 사원이다. 텍사스에 한국 기업 생태계를 조성하기 위해 주 정부와 주 의회를 방문해 네트워크 구축에 노력을 기울이고 있다. 심방 외교는 미국에 진출할 기업 활동 지원 방안을 찾고, 국익을 창출하기 위해 현장을 방문해 솔루션을 찾는 최선의 노력이다.

▶관련 기사
연합뉴스, "美휴스턴 총영사관 "텍사스주 진출 한인경제인 협력 플랫폼 마련"(2023.2.18.)

11

글로벌 에너지 전환을 이끄는
세계 에너지 수도 휴스턴

휴스턴은 세계 에너지 수도이다. 휴스턴 지역에는 엑손 모빌(Exxon Mobile), 쉘(Shell), 쉐브론(Chevron), 비피(BP), 토탈에너지(TotalEnergy), 할리버튼(Halliburton), 코노코필립스(ConocoPhillips), 헬릭스 에너지 솔루션(Helix Energy Solution), 그리고 아파치(Apache), 베이커 휴즈(Baker Hughes), 시트고(Citgo), Fmc 테크놀로지스(Fmc Technologies)와 슐름버거(Schlumberger) 등 세계적인 석유·가스 에너지 메이저 회사들을 비롯해 600개 이상의 탐사 및 생산 회사, 1,100개 이상의 유전 서비스 회사, 180개 이상의 파이프라인 운송 시설을 갖춘 세계 에너지 도시로서 4,700개 이상의 에너지 관련 기업이 활발하게 활동하고 있다.

휴스턴은 25만 개 이상의 에너지 일자리를 창출하고 있어 미국 전체 석유와 가스 추출 분야에서 일자리의 1/3을 차지하고 있다. 사실상 휴스턴은 탐사, 생산, 전송, 마케팅, 공급 및 기술을 포함하여 에너지 산업의 거의 모든 부문에 대한 글로벌 수도이자 거대한 지적 자본의 중심지이다. 휴스턴은 또한 이 지역에 100개 이상의 태양광 관련 회사와 30개 이상의 풍력 관련 회사를 기반으로 재생 에너지 분야에서도 중요한 역할을 하고 있다.

전문가들은 휴스턴은 오늘날 세계 에너지 수도에서 2040년까지 세계 에너지를 전환하는 수도로 중추적 역할을 담당하는 세계 에너지 전환 도시가 될 것으로 예측한다. 즉, 샌프란시스코가 실리콘 밸리로 기술력의 전환을 주도한 것처럼 휴스턴이 세계 에너지의 전환을 이끄는 중심 도시가 된다는 것이다. 휴스턴은 이미 세계 에너지의 전환을 주도하는 신기술, 혁신적인 프로젝트를 추진하는 기업가, 다양한 인재, 전체 자본 스택에 걸친 자금 조달, 우호적인 정책 및 규제를 포괄하는 주 정부와 휴스턴시의 협력 등 에너지 전환의 가장 친화적이고 자연적이며, 경쟁적 이점이 두드러진 글로벌 기업 생태계를 구축하고 있다.

이러한 장점들은 특히 청정수소와 같은 기술 분야에서 휴스턴의 에너지 전환 리더십을 촉진한다. CCUS(탄소 포집, 활용 및 저장), 화학 물질 및 플라스틱, 그리고 재생 가능한 연료, 인플레이션 감소법(IRA) 통과로 투자자들이 다양한 에너지 전환 기술에 자본을 할당할 수 있는 훨씬 더 큰 경제적 인센티브가 잠재적으로 존재하기 때문에 휴스턴이 에너지 전환에 대한 글로벌 영향력과 그것을 확산하는 데 중요한 강점을 지니고 있다는 것이 전문가들의 분석이다.

신재생 에너지를 주제로 개최된 코리아 에너지 포럼 2023

미 에너지부, 휴스턴에 12억 불 투자 수소 에너지 개발 주도

작년 10월 13일 미국 에너지부는 휴스턴의 하이벨로시티 허브 (HyVelocity Hub) 프로젝트를 포함한 7개 수소 허브 프로젝트를 선정해 발표하였다. 미국 정부는 지난 2년간 청정수소 확대를 위해 청정수소 허브 이니셔티브(H2Hub Initiative)를 추진해 왔으며, 에너지부는 2022년 9월 수소 허브 개발을 위한 70억 달러의 연방 자금 투자 계획을 발표하면서 이를 통해 400억 달러 이상의 민간 투자를 유치하고, 전국적으로 30만 개 이상의 관련 일자리를 창출할 것으로 전망했다.

이번에 선정된 7개 수소 허브는 청정수소의 생산, 저장, 배송 및 최종 사용을 지원하는 동시에 청정수소 생산자, 소비자와 이들을 연결하는 인프라로 구성되며 이를 통해 향후 전국적인 수소 네트워크를 구축하게 된다. 또한 수소 허브는 2030년 미국 수소 생산 목표의 약 1/3인 연간 300만 톤의 수소를 생산해 미국 전체 이산화탄소 배출량의 30%를 차지하는 산업 부문의 배출량을 저감할 것으로 기대되며, 이를 통해 미국 전역에 수만 개 양질의 일자리를 창출해 지역사회를 더욱 건강하게 만들 것이라고 에너지부는 밝혔다.

7개 청정수소 허브 프로젝트 가운데 텍사스주 Gulf Coast Hydrogen Hub는 휴스턴 중심의 하이벨로시티 허브로서 7개 프로젝트 중 가장 큰 규모인 최대 12억 달러의 연방 자금을 지원받게 되며, 청정수소 생산 측면에서 7개 허브 중 가장 큰 규모가 될 것으로 예상된다. 하이벨로시티 허브의 회원사로는 UT Austin 대학교, 석유 메이저 기업인 쉐브론과 엑손 모빌, 가스 공급업체인 Air Liquid, AES Corp, Mitsubish Power Americas, Ørsted, Sempra Infrastructure, 비영리단체인 Center for Houston's Future, 그리고 연구 개발 비영리단체인 GTi Energy 등이 포함되었다.

하이벨로시티 허브(HyVelocity Hub)에서는 천연가스로부터 수소를 생산하고 배출되는 이산화탄소는 지하에 저장해 만드는 녹색 수소를 모두 생산할 예정이며, 1만 개의 정규직 일자리와 3만 5천 개의 건설 관련 일자리를 창출할 것으로 기대된다고 에너지부는 발표했다. 비영리단체인 Center for Houston's Future의 최고 경영자 브렛 펄만(Brett Perlman)은 "수소 개발을 통해 세계가 화석 연료에서 더 깨끗한 에너지로 이동하는 과정에서도 휴스턴이 글로벌 에너지 수도로서의 위상을 유지할 수 있을 것이고, 수소는 휴스턴 경제를 계속 성장시킬 수 있는 추가적인 기회를 창출할 것"이라고 평가했다.

그렉 에봇(Greg Abot) 텍사스 주지사는 성명을 통해 "**하이벨로시티 허브가 텍사스의 기존 에너지 인프라를 활용하는 동시에 텍사스 기업을 활성화하고 일자리를 창출할 것이며, 이 역사적인 투자는 에너지 및 수소생산 분야에서 텍사스의 국가적 리더로서의 입지를 더욱 공고히 할 것이며 미국에서 에너지를 생산하기에 텍사스 보다 더 좋은 곳은 없다**"고 강조했다.

세계 에너지 수도 휴스턴이 글로벌 에너지 전환 도시로 변화를 모색하고 있다. 휴스턴은 세계적인 석유 가스 에너지 수도의 확고한 기반 위에서 하이벨로시티 허브를 중심으로 수소 시장 개발을 가속하면서 탈산소화에 성공적인 업적을 이루며 수소를 확대하고 에너지 전환을 진전시키는 데 중추적인 역할을 담당할 것이다. 이러한 에너지 전환의 노력은 휴스턴 지역이 세계 에너지 전환 도시로서 글로벌 에너지 수도의 위상을 더욱 극명하게 보여 줄 것이다.

미국 에너지부 제니퍼 그랜홈(Jennifer Granholm) 장관은 지난 3월 매년 휴스턴에서 개최되는 세계 최대 규모의 연례 에너지 컨퍼런스 CERAWeek 2024에서 "미국은 에너지 정부!(America is the energy government!)"라고 말했다. CERAWeek에는 세계 85개국 이상에서 글로벌 에너지 회사를 비롯해 수많은 에너지와 컴퓨터 엔지니어링 회사, 청정수소개발 사업에 뛰어든 주요 국가의 에너지 회사들이 참여했다. 휴스턴은 세계 에너지의 다차원적 전환을 이끌고 있다. 휴스턴에서 글로벌 에너지 패권 전쟁이 시작되었다.

휴스턴은 지금 변화하고 있다. 휴스턴의 변화는 세계 에너지 시장의 혁신적 변화를 의미한다. 우리 기업들이 미래 에너지 전환 열차에 탑승해 세계 에너지 시장에서 공급망 확보와 청정수소 에너지 개발을 위한 경쟁에서 유리한 위치를 선점하기 위해서는 정부의 적극적인 지원과 대책이 필요할 뿐만 아니라 에너지 시장에서의 외교적 노력도 병행되어야 할 것이다.

▶관련 기사
Houston Chronicle, "Houston selected as one of 7 U.S. hydrogen hubs, opening up $1.2 billion in federal funding"(2023.10.13.)

에너지부가 선정해 발표한 7개 수소허브 프로젝트는 애팔래치아 청정수소 허브(Appalachian Hydrogen Hub), 캘리포니아 청정수소 허브(California Hydrogen Hub), 걸프만 청정수소 허브(Gulf Coast Hydrogen Hub), 하트랜드 청정수소 허브(Heartland Hydrogen Hub), 미드애틀랜틱 청정수소 허브(Mid-Atlantic Hydrogen Hub), 미드웨스트 청정수소 허브(Midwest Hydrogen Hub), 퍼시픽 노스웨스트 청정수소 허브(Pacific Northwest Hydrogen Hub) 등이다.

12

휴스턴 NASA와의 만남,
우주 동맹의 첫걸음

휴스턴에 위치한 NASA를 존슨우주센터(Johnson Space Center)라고
부른다. 존슨우주센터는 1961년 미국 유인우주비행 프로그램의 본거
지이자 임무 통제를 목적으로 설립되었다. 존슨우주센터는 최초의 유
인우주선 센터로서 당시 텍사스 출신의 부통령 린든 존슨(Lydon John-
son)이 우주개발위원회 의장을 맡고 있어 유인우주선 센터 프로젝트는
휴스턴에서 시작될 수 있었다. 현재 존슨우주센터라는 명칭은 1973년
미 상원에서 텍사스 출신 대통령인 린든 존슨을 기념하기 위해 그의
이름으로 개칭해 사용되었다.

1962년 9월 케네디 대통령은 휴스턴 라이스대학교(Rice University)에
서 **"한때 서부 개척지에서 가장 먼 전초기지였던 곳이 과학과 우주
의 새로운 개척지에서 가장 먼 전초기지가 될 것이다. 유인우주선 센
터가 있는 휴스턴은 대규모 과학 및 엔지니어링 커뮤니티의 중심지가
될 것이다."**라고 강조하면서 향후 휴스턴이 미국의 우주 개발의 비전

을 성취하는 중심지가 될 것임을 선포했다.

휴스턴 존슨우주센터는 60년 넘는 기간 동안 인류의 탐험, 발견 및 성취를 위한 지속적인 모험에서 미국과 세계를 이끌어 왔으며, 이 센터는 기술 혁신과 과학적 발견을 통해 우주 시대의 미래를 여는 중추적 역할을 담당하고 있다. 현재 존슨우주센터는 우주정거장 운영, 우주인 훈련 및 임무 수행 관리 등 유인우주 계획 총괄 본부(Mission Control), 아르테미스(Artemis), 게이트웨이(Gateway, 달 궤도에 위치한 우주정거장), 화성 탐사(Moon to Mars Initiative) 프로젝트 등을 추진하고 있다.

아르테미스는 그리스 신화에 나오는 아폴로의 쌍둥이 남매의 이름으로 이 프로젝트는 우주비행사를 달로 귀환시켜 그곳에 인프라를 구축하겠다는 NASA 의지를 반영하고 있으며 궁극적 목적은 화성을 탐사하는 것이다. 2017년에 시작한 아르테미스 프로젝트에는 미국 NASA, 영국, 유럽 우주국, 일본, 대한민국, 호주, 캐나다, 이탈리아, 룩셈부르크, 아랍에미레트, 우크라이나 그리고 뉴질랜드 등이 참가하고 있다.

윤석열 대통령은 2022년 7월 6일 한국형 발사체 '누리호(KSLV-II)' 2차 발사 성공을 축하하면서 **"우주 경제 시대를 활짝 열어 갈 것"**이라고 밝혔다. 이어 윤 대통령은 **"누리호 발사 성공으로 인공위성 기술과 발사체 기술을 동시에 갖춘 세계 7대 우주 강국이 됐다"**고 강조하고, 대한민국의 미래가 국가 경쟁력의 핵심 분야인 우주에 달려 있다며 본격 우주 경제 시대를 열기 위해 항공우주청 건립을 비롯해 탐사 로봇 및 우주 교통 등 우주 공간에서 필요한 기술 개발 등에 체계적인 지원을 하겠다고 말했다. 또한 윤 대통령은 **"2031년까지 달 착륙선을 개발하고 미국 아르테미스 프로그램 참여도 확대하겠다"**고 밝혔다.

그리고 그해 11월에 윤 대통령은 미래우주 경제 로드맵을 발표하였다. 여기서 윤 대통령은 미래 세대에게 달의 자원과 화성의 터전을 선물할 것을 약속하면서, 5년 내 독자적인 달 발사체 엔진 개발, 2032년 달 착륙과 자원 채굴 시작, 그리고 광복 100주년인 2045년에 화성에 착륙한다는 로드맵을 제시하였다. 이를 실현하기 △달·화성 탐사, △우주기술 강국 도약, △우주산업 육성, △우주인재 양성, △우주안보 실현, △국제공조의 주도 등 6대 정책 방향과 지원 방안을 밝혔다. 그뿐만 아니라 윤 대통령은 작년 4월 한미 동맹 70주년 기념 워싱턴 디시 한미정상회담에서 한미우주 동맹 시대를 선언해 우주시대의 미래에 대한 확고한 의지를 보여 주었다.

작년 4월 초 나는 서울에서 재외공관장 회의를 마치고 휴스턴으로 돌아와 4월 11일 휴스턴 NASA를 방문해 바네사 와이치(Vanessa Wyche) 존슨우주센터장을 만나 한미 우주 협력 확대 방안을 논의하였다. 주미 공관장이 NASA 센터장을 만난 것은 처음 있는 일이었다. 존슨우주센터장과 면담한 것은 워싱턴 디시 한미정상회담이 열리기 전이라 나는 와이치 센터장을 만나 **"금년 한미 동맹 70주년을 맞아 양국 동맹이 우주 동맹으로 확대되길 바라며, 특히 2022년 5월에 이어 금년에 예정된 양국 정상회담을 통해 양국 간 우주 협력이 더욱 공고해지**

길 **희망한다**"고 말했다. 그리고 윤 대통령이 우주 경제 비전을 선포하고, 미래우주 경제 로드맵 발표, 향후 우주항공청 출범 계획 등 우리 정부의 최근 우주 정책 현황 및 계획을 자세히 소개하면서 우주항공청이 개청하면 더욱 활발한 우주 분야 활동을 하게 될 것이라고 소개했다.

바네사 와이치 휴스턴 NASA 센터장

와이치 센터장은 NASA가 아르테미스1 프로젝트에서 오리온 우주선을 활용한 첫 번째 실험을 했으며, 달 궤도에 진입하는 아르테미스2를 통해 아르테미스3의 유인 달 착륙을 준비하고 있다고 밝혔다. 특히 **"달 궤도에 우주정거장(게이트웨이)을 건설해 우주비행사들이 오리온**

우주선을 타고 게이트웨이로, 게이트웨이에서 달로 갈 수 있도록 준비 중이라고 하면서, 향후 국제사회, 산업계, 학계와 협력을 통해 우주인이 화성에 갈 수 있기를 희망하고 있다"고 말했다.

나는 아르테미스 프로젝트와 화성 탐사 계획에 대한 한국의 적극적인 참여, 특히 2022년 양국 간 한미 우주 대화에서 우리측이 제기했던 달 기지 및 게이트웨이 건설에서의 수소, 모빌리티, 통신 기술 분야 협력을 적극 요청하면서 이에 대한 가능성 및 방안을 문의했다. 와이치 센터장은 "기본적으로 아르테미스가 개방형 프로그램이기 때문에 탐사 로봇이나 통신 시스템 등 다양한 분야에 많은 국가가 참여할 수 있으며, 한국의 참여도 적극 희망한다고 밝혔다. 특히 아르테미스2, 3 프로젝트 수행 과정에서 달에서 수집한 대량의 자료를 전송하기 위한 별도의 대량 데이터 전송 통신 시스템이 추가적으로 요구될 경우, 이러한 분야에서 한국이 참여할 수 있을 것이라면서 한국과의 협력 강화를 위해서는 전문가들의 충분한 논의가 필요할 것"이라고 부연 설명했다.

와이치 센터장과 면담을 마무리하면서 휴스턴 총영사관이 9월에 '한미우주포럼'을 개최할 예정인데 존슨우주센터 관계자들의 참여를 요청하자 센터장은 적극적으로 지원을 하겠다고 약속하였다. 또한 센터장은 나의 방문을 기념해 달 착륙 우주선과 우주인이 있는 사진에 태극기를 걸어 둔 사진 액자를 선물하면서 한국의 달 착륙 꿈이 이뤄지질 바란다고 격려했다. 매우 감동적인 순간이었다. 와이치 센터장은 그해 9월 '한미우주 포럼'에 존슨우주센터 부소장을 발표자로 보내 포럼의 위상을 한층 높여 주었다.

　나는 한미 우주 동맹의 미래에 관심이 크다. 우주 개발은 미래 경제를 여는 중요한 수단이며, 국제사회에서 미래의 권력은 우주 안보 경쟁에서 확고한 지위를 확보한 국가만이 누릴 수 있다. 월스트리트 저널(WSJ)은 군사·정보 당국이 스페이스X가 군사위성 발사 및 폭파 임무도 수행할 수 있는 비밀 계약을 체결했다고 보도했다. 이미 미국 정부는 우주산업을 주도하고 있는 스페이스X와 국가 안보 관련 협업을 통해 우주 안보 경쟁의 우위를 선점하는 노력을 기울이고 있다. 공관장으로서 한미 우주 동맹 시대를 열기 위해 NASA를 방문해 한미 우주 협력을 직접 논의하고, 지속적인 협력 관계를 유지할 수 있는 것은 총영사로서 보람이자 내가 추구하는 '심방 외교'의 결실이다.

▶관련 기사
연합뉴스, "휴스턴 총영사, NASA와 한미우주협력 논의 … "달 탐사 참여 희망"(2023.4.13.)
연합뉴스, "美 휴스턴서 한미우주포럼 … "달·화성 탐사 양국 협력 늘려야"(2023.9.23.)
코리안저널, "2023 한미우주포럼 성황리 개최"(2023.9.28.)

13

바이오 산업 전쟁,
세계 최대 의료단지 TMC의 혁신

휴스턴에 위치한 텍사스 메디컬 센터(TMC. Texas Medical Center)는 세계 최대 규모의 의료 복합 단지이다. TMC는 세계적인 암 치료로 유명한 MD 앤더슨 암 센터를 비롯해 60개 이상의 의료기관이 비영리 조직인 Texas Medical Center Corporation의 회원 기관으로 구성되어 헬스케어의 미래를 창조하는 데 중추적 역할을 담당하고 있다. 현재 이곳에서 10만 명 이상의 일자리가 창출되어 활발한 활동을 펼치고 있다. TMC는 또한 단일 중앙 집중식 의료 생태계 내에서 혁신, 연구, 생산 및 환자 치료에 대한 집단적 전문 지식을 활용하여 치유 속도를 더욱 가속화하는 임무를 수행하고 있으면서, 세계에서 가장 포괄적인 생명과학 생태계를 조성해 글로벌 의료단지로서의 비전을 펼치고 있다.

TMC에는 우리가 잘 알고 있는 세계 최대 규모의 암 치료 센터인 MD 앤더슨 병원과 단일 병원으로서 세계 최대 규모의 어린이 병원이 있다. 특히 어린이 병원(Children's Memorial Hermann Hospital)은 20분마다

한 명의 아기를 출산하여 연간 2만 6천 명 이상의 신생아를 낳고 있다. 그리고 TMC는 3분마다 한 번씩 수술을 시작하는 기록을 보유하고 있다. 매년 1천 명 환자에게 의료 서비스를 제공하는 TMC에는 명문 라이스 대학교(Rice University), 베일러 의대(Baylor College of Medicine), 메소디스트 병원(Houston Methodist Hospital), 메모리얼 허만(Memorial Hermann), 텍사스 A&M 대학 보건대학원, 텍사스 어린이 병원, UT보건 대학원, MD 앤더슨 암 센터 등 굵직한 기관들이 글로벌 의료 혁신을 주도하고 있다.

현재 TMC는 메디컬 캠퍼스(Medical Campus), 혁신 공장(Innovation Factory) 그리고 헬릭스 파크(Helix Park)와 TMC 바이오포트(BioPort) 등 4개의 캠퍼스로 구성되어 있다. 메디컬 센터는 TMC의 심장으로 60개 이상의 의료기관에서 세계 최고의 의료 전문가들이 협력하여 TMC에서만 제공되는 높은 수준의 진료를 제공한다. 여기에는 혁신적인 새로운 치료법을 개발하기 위한 TMC 임상 연구소가 설립되어 있다. 또한 텍사스와 세계의 건강, 교육 및 연구에 부응하고자 기업들과 협력하는 TMC 벤처 펀드와 디지털 및 원격 의료, 의료 기기 및 운영에 초점을 맞춘 혁신적인 생명과학 기술 시장을 확장하기 위한 목적으로 스타트업에 맞춤형 지원을 제공하는 TMC 바이오 브릿지(TMC Biobridge)가 있다. TMC 바이오 브릿지는 영국, 호주, 네델란드, 덴마크, 아일랜드 등 생명과학이 뛰어난 국가들의 스마트업 회사들의 혁신적 기술이 미국 시장에 진출하도록 적극 지원을 하고 있다.

한편, 혁신 공장은 TMC 회원 기관에서 유망한 혁신가와 과학 및 의학 분야 최고의 인재를 통합하여 의료의 미래를 열어 가는 캠퍼스이다. 이곳은 전 세계 텍사스 의료센터에 이르기까지 의학 및 최첨단 기술과의 협력을 주도하고 있는 캠퍼스로 혁신 기업가들이 비전과 네트워크를 넓힐 수 있도록 적극 지원하고 있다. 현재 혁신 공장에는 TMC Healthtech 엑셀러레이터 회사가 220개 이상, 현재까지 58억 2천만 달러 기금 조성, 305개 생명과학 스타트업 회사 활동 등 놀라운 바이오 혁신의 미래를 보여 주고 있다. TMC에는 현재 우리 한국의 바이오테크 스타트업 기업 G9 바이오(G9 BIO)가 세계적인 의약 제조업체인 존슨앤존슨(Johnson&Johnson)과 협업으로 Innovation Factory에 진출해 바이오테크의 미래를 준비하고 있다. 앞으로 기술력을 자랑하는 바이오 스타트업이 진출하는 기회가 활짝 열리길 기대한다.

TMC가 혁신적으로 변화하고 있는 모습을 가장 잘 보여 주는 것이 헬릭스 캠퍼스이다, 헬릭스 파크는 세계 최대 의료복합단지의 최첨단 연구 캠퍼스로, TMC가 미래 바이오 산업을 이끌어 가는 데 중추적 역할을 담당하고자 설립한 캠퍼스이다. 작년 10월 23일에 신규 오픈한 TMC 헬릭스 파크에는 텍사스 메디컬 센터, MD 앤더슨 암 센터, 텍사스대 헬스사이언스 대학, 텍사스 A&M 등 4개 기관이 공동으로 개관한 TMC3 Collaborative Building 이 25만 평당 피크 규모로 헬릭스 파크의 중심부에 위치해 있다. 이곳에서 4개 공동 설립 기관의 연구 계획을 통합하고 연구 기관과 산업계의 협업을 촉진할 예정이다.

향후 헬릭스 파크가 모두 완공되면 37에이커 규모로 다이나믹 원(산업 연구 건물), 6개의 산업 및 연구 기관 건물, 호텔, 주거 시설 및 상가를 포함한 복합 용도 건물이 들어설 예정이며, 6개의 서로 연결된 총 18.7에이커의 녹지 공간은 캠퍼스의 척추를 형성하는 구조로 설계되었다. 전문가들은 헬릭스 파크가 완전하게 건설되고 활용되면 매년 54억 달러 이상의 경제적 이익을 내고 19,000개의 건설 일자리와 23,000개 이상의 영구적인 새로운 일자리가 창출될 것이라고 전망한다.

그렉 에봇(Greg Abot) 텍사스 주지사는 "**텍사스주의 전반적인 경제 플랫폼을 평가할 때, 생명과학 분야가 다소 부족하다고 느껴 왔으나 금번 헬릭스 파크 오픈을 통해 그 공백을 메워 텍사스주가 더욱 발전된 생명과학 산업의 기지가 될 것**"이라고 밝혔다. TMC의 CEO 윌리엄 맥키온(William Mckeon)은 "**현대적인 협업 환경에서 생명을 구하는 연구에 이르기까지 헬릭스 파크는 의학의 미래를 정의하는 데 도움을 주고 있다**"고 밝히면서 TMC는 휴스턴을 세계 최고의 생명과학 클로스터로 자리매김하면서 전 세계 환자들에게 엄청난 변화를 가져올 수 있는 잠재력을 갖고 있다고 했다.

마지막으로 TMC가 생명과학의 미래를 구축하는 프로젝트는 TMC 바이오포트(BioPort) 캠퍼스 건설이다. TMC는 2022년 9월에 휴스턴 남서부 지역 500에이커 대지위에 바이오포트를 건설할 것이라고 발표했다. 바이오포트는 바이오 제조의 본거지로서 주요 바이오 제조 및 의료 용품 유통 엔진 역할을 담당할 뿐만 아니라 현장 기술 교육 센터를 설치해 100,000개 이상의 일자리를 창출할 것이다. TMC는 향후 5년 안에 바이오포트를 완공할 계획이다.

TMC 회장&CEO 윌리엄 맥키온

TMC는 휴스턴이 생명과학의 미래를 주도하기 위한 선두 목적지로서의 입지를 강화하고, 바이오 포트는 총체적이고 광범위한 비전을 통해 세계 최대의 생명과학 생태계를 발전시키는 데 필요한 모든 필수 구성 요소를 구축하고 있다. TMC가 헬릭스 파크와 바이오포트 프로젝트를 통해 생명과학 생태계의 혁신적 변화를 추구하는 것은 이 분야에서 샌프란시스코, 보스턴, 샌디에고 등과 경쟁하기 위해 노력하고 있음을 증명하는 것이다. TMC는 향후 미국의 바이오 산업이 휴스턴, 보스턴 그리고 샌프란시스코의 삼각 벨트 구축으로 글로벌 바이오 산업을 선도적으로 이끄는 비전을 추구하고자 과감한 혁신을 시도하고 있다.

나는 휴스턴 총영사로 부임 후 약 3개월이 되는 시점에서 글로벌 바이오 산업의 미래를 주도적으로 이끌기 위해 과감한 혁신을 추진하는 TMC를 방문해 MD앤더슨 암 센터, 어린이 병원, 그리고 혁신 공장과 헬릭스 파크 현장 등을 둘러본 후 TMC의 CEO 윌리엄 맥키온과 면담했다. 그는 나에게 TMC 현황을 영상으로 설명하고, 이어서 앞서 언급한 TMC의 4개 캠퍼스, 특히 혁신공장, 헬릭스 파크 및 바이오포트의 미래에 대해 매우 구체적으로 설명해 주었다. 그의 설명은 향후 5년 후에 휴스턴이 생명과학의 혁신을 통해 글로벌 바이오 산업의 메카로 성장할 것이라는 믿음을 심어 주었다.

나는 윌리엄 맥키온에게 한국의 유망한 기술을 보유한 바이오 스타트업 회사들이 TMC에 진출할 수 있는 기회를 제공해 주면 좋겠다는 의사를 밝히면서, 여건이 허락된다면 TMC가 의료 기술이 세계적 수준인 한국에 TMC 바이오 브릿지를 세워 한국의 바이오 기업들이 TMC에 진출해 미국 시장 진입에 성공할 수 있도록 적극적인 관심을 가져 달라고 요청했다. 그리고 윌리엄 맥키온은 한국의 우수한 바이오 기업들이 TMC의 혁신공장과 바이오포트에 진출하도록 홍보해 줄 것을 나에게 요청하기도 했다.

생명과학 기술과 바이오 제조산업의 미래는 상상을 초월한다. 보스턴 컨설팅 그룹은 향후 2030년 이후 바이오 산업의 규모가 30조 달러를 넘어설 것이라 전망하면서 이는 전 세계 제조산업의 2/3에 달하는 것이라고 밝혔다. 바이오 산업의 미래에서 글로벌 패권을 장악하기 위한 전쟁이 미국과 유럽에서 치열하게 펼쳐지고 있다. 윤석열 대통령도 작년 2월 28일 '바이오헬스 신시장 창출 전략 회의'를 주재하면서 "바이오헬스 산업을 제2의 반도체 산업"이라고 강조하면서 한국판 '보스턴 클로스터'를 조성할 것을 요청했다.

글로벌 바이오 산업의 미래를 주도하는 전쟁의 중심에 휴스턴이 있다. 나는 올해 9월에 휴스턴에서 '한미 바이오 포럼'을 준비하고 있다. 외교 현장에서 시장의 흐름을 읽고 미래를 준비해야 한다. 텍사스 1호 영업 사원은 국익 창출을 위한 심방 외교의 영역을 지속적으로 확장하고 있다.

▶관련 기사
https://texasmedicalcenter.com/

Houston Chronocle, "What to know about Texas Medical Center's new TMC BioPort and other big expansions"(2022.9.22.)

14

한·텍사스
경제 포럼의 태동

휴스턴 총영사로 부임하기 전부터 가장 많은 관심을 기울였던 일은 한미 동맹의 미래에서 텍사스의 전략적 중요성을 어떻게 부각하는 것이 좋을까 하는 점이었다. 이미 여러 글에서 텍사스가 한미 경제·안보 및 기술 동맹에서 전략적으로 매우 중요한 지역이라는 것을 강조했기 때문에 여기서 부연 설명을 할 필요는 없을 것이다.

나는 부임 이후 경제 관련 단체들과 대화를 나누는 과정에서 각각의 단체들이 개별적 활동을 활발하게 하지만 단체 상호 간의 교류 협력의 기회가 많지 않았음을 알고, 먼저 한인 경제단체 간의 교류 협력 플랫폼의 필요성을 느껴 휴스턴 한인 경제단체 네트워킹 만찬 행사를 준비했다. 휴스턴 총영사 부임 6주 정도 지나 휴스턴 주재 지상사 협의회 소속 각 기업의 법인장들, 재미석유가스엔지니어협회(Korea Oil&Gas Engineer Association) 임원진들, 그리고 휴스턴 한인상공회의소 이사들과 KOTRA 댈러스 무역관 등 관계자 50명을 관저 만찬에 초대해 네트워킹 행사를 개최했다.

휴스턴에서 총영사가 현지 한인 경제인들의 경제 플랫폼을 만들기 위해 50명의 관계자들을 관저에 초대해 행사를 갖기는 처음 있는 일이었다. 이날 네트워킹 행사에서 나는 텍사스주가 미국 내 경제활동의 중심지이자 한미 양국 간 경제·기술 협력의 전략적 요충지인 만큼, 현지에 진출해 있는 지상자, 전문가, 상공인 등 우리 한인 경제인들 간 네트워킹과 경제협업이 국익 창출과 한미 양국 간 협력 확대에 매우 중요하다는 점을 강조했다.

특히 텍사스가 반도체, 에너지, 우주항공, 바이오 등 핵심적인 산업이 발달해 있고 다양한 기업 활동이 이루어지고 있는 곳인 만큼, 이번 행사를 시작으로 한인 경제인들 간 협업이 활성화되기를 바라며 현지 진입 장벽 등 기업 애로 사항이 있다면 총영사관이 지원해 어려운 점들이 해소되도록 노력하고, 동포사회의 발전과 국익 창출을 위해 열심히 노력하겠다고 밝혔다. 이날 네트워킹 행사는 성공적이었다. 행사에 참석한 40여 지상사 대표들과 에너지 전문가들 그리고 상공회의소 이사진들의 상호 교류 협력 확대를 위한 자유로운 대화와 분야별 향후 협업 촉진의 기회를 모색하는 유익한 시간을 가졌다.

한-텍사스 경제인·전문가 플랫폼 행사

한·텍사스 경제 포럼 태동을 위한 플랫폼 행사 성공적 개최해

휴스턴 경제단체 네트워킹 행사를 성공적으로 마친 1년 뒤에 새로운 기획안을 토대로 보다 더 큰 플랫폼 행사를 준비했다. 이번 플랫폼 행사는 한·텍사스 경제 포럼 출범을 위한 행사였다. 이번 행사는 작년에 했던 네트워킹 행사보다 더 광범한 분야에 걸쳐 전문가들을 초대했다. 대기업 및 중소기업 지상사 대표들, 재미석유가스엔지니어협회(KOEA), 재미한인과학 기술자협회(KSEA), 재미한인의사협회(KAMA), 미주한인상공회의소총연합회, 휴스턴한인상공회의소 등 회장단, 한인 은행장들, 법률가 및 회계사, 그리고 KOTRA 댈러스 무역관장을 비롯한 주요 공기업 법인장들 등 경제인과 전문가들 50명 이상이 참석했다.

올해 2월 16일 관저에서 개최한 이번 휴스턴 한인 경제인·전문가 플랫폼 행사는 내가 공관장으로 부임하기 전부터 고민하고 준비했던 경제 플랫폼의 형태를 잘 보여 주었다. 이 행사는 텍사스에서 한미 경제·과학 기술 교류가 증가하고 있는 상황에서 미국 시장 진출을 희망하는 우리 기업을 텍사스의 경제인·전문가들이 더욱 효율적으로 지원할 수 있는 체제를 마련할 목적으로 추진 중인 '한·텍사스 경제 포럼(Korea-Texas Economy Forum)' 준비 모임이었다.

나는 인사말을 통해 **"올해는 작년의 한미정상회담 후속 조치 차원에서 한미 경제 안보와 기술 동맹 발전을 텍사스에서 전략적으로 펼쳐 가는 데 더욱 집중할 계획이며, 텍사스는 반도체·에너지·바이오·우주 등 우리 정부가 한미 동맹 강화를 위해 중요하게 다루는 경제안보와 기술 동맹의 전략적 중심지인 만큼 중요성이 크다"**는 점을 강조했다. 특히 공관장으로 부임한 후 지난 1년간 에너지, 바이오, 우주개발 분야에서 텍사스 주요 기관과 전문가 네트워크 구축에 노력을 기울였고, 주정부, 주의회, 몇몇 지방정부와도 긴밀한 협력 관계를 유지해왔음을 밝혔다.

그리고 **"금년 내 출범할 한·텍사스 경제 포럼은 주정부와 주의회 그리고 지방정부와도 연계하고, 휴스턴 진출 우리 기업, 한인상공인, KOTRA, 에너지·바이오·법률 및 금융 전문가들 간 상호 교류 증대, 포럼 개최 등 활발한 활동을 통해 텍사스 진출을 원하는 국내 중소기업들을 지원하는 중요한 플랫폼 역할을 담당할 것"**이라고 밝혔다.

이어 주제발표 시간에서 김종헌 KOTRA 댈러스 무역관장은 "2024 미국 경제 전망과 우리 기업 진출 방안"을, 휴스턴 지상사협의회 회장 김유진 SK가스 법인장은 "에너지 산업 한미 협력 분야 제안"을 발표해 참석자들의 호응을 받았다. 계속된 토론 시간에 참석자들은 미국 시장 이해 제고 지원, 분야별 특성을 고려한 진출 지원 전략 마련, 기존 한인 네트워크의 강화 및 체계화 등의 의견을 제시하였다. 이어 몇몇 전문가들은 관련 분야에 대한 정보와 지식 공유 네트워크를 활성화해서 텍사스 진출기업들을 적극 지원하겠다고 밝혔고, 우리 기업 진출을 돕기 위한 미국 정부와 주정부, 의회 등의 협업 필요성을 강조하고, 텍사스 주류 사회와의 네트워킹 강화에 노력해야 하는 등 한·텍사스 경제 포럼에 대한 기대와 당부를 아낌없이 주문했다.

한·텍사스 경제 포럼 출범을 위한 경제인·전문가 플랫폼 행사는 매우 성공적이었다. 참석자들은 우리 기업의 텍사스 진출 지원 확대의 필요성에 적극 공감하고, 이를 위해서는 현지 우리 경제인, 전문가들이 간의 네트워크 확대와 강화가 우선 필요한 만큼 이번 행사가 경제인, 전문가들의 정보 공유와 협업 확대를 촉진하는 계기가 되었다고 평가했다. 나는 이번 플랫폼 행사 결과를 바탕으로 6월에 한·텍사스 경제 포럼을 공식적으로 출범할 준비를 하고 있다. 이를 위해 나는 이날 참석했던 모든 분야의 경제인·전문가 그룹들을 별로도 만나 구체적인 실무 작업을 논의하고, 주정부, 주의회, 그리고 지방정부 및 텍사스 주요 기관들을 직접 방문해 향후 협업을 강화할 계획이다. '심방 외교'

는 국익을 창출하는 전방위적 외교 행위이다. 텍사스 1호 영업 사원의 '심방 외교'는 목적이 이끄는 외교를 추구한다.

▶관련 기사
연합뉴스, "휴스턴 총영사관, 美진출 기업 지원 '한-텍사스 경제 포럼' 추진"(2024.2.21.)

코리안저널, "한국 기업들의 국익 창출에 텍사스는 전략적 중심지"(2024.2.22.)

한미저널, "총영사관, '한-텍사스 경제 포럼' 추진"(2024.2.22.)

연합뉴스, "美휴스턴 총영사관, 텍사스주 진출 한인경제인 협력 플랫폼 마련"(2023.2.18.)

제3장

찾아가는
공공외교 현장

15

대학교 강연,
정책공공외교의
살아 있는 현장

　대한민국은 과거 30년 이상 공공외교에 지속적인 노력을 기울였다. 공공외교는 국제사회에서 여러 국가의 국민에게 특정 주제를 중심으로 의도적인 소통의 방법을 통해 자국의 국가 이익과 외교정책의 목적을 달성하고, 또한 해외에 거주하는 재외동포들에게 자국의 글로벌 위상을 홍보하고 정체성과 자부심을 높이는 데 긍정적 기여를 한다. 글로벌 경쟁 시대에서 한국의 주요 외교정책, 대북정책, 그리고 통일정책과 다양한 문화 활동 등을 재외공관을 중심으로 전방위적으로 펼쳐온 결과 오늘날 외교부의 공공외교는 상당한 효과를 얻고 있다. 특히 한미 동맹 70주년의 해에 미국의 재외공관을 중심으로 다양한 주제로 공공외교가 전개되어 글로벌 중추 국가의 위상을 높이는 데 기여했다. 나는 공관장으로서 공공외교를 정책과 문화 두 영역을 중심으로 펼치기 위해 노력했다. 정책공공외교는 대학 강연, 민주평통협의회 초청 강연을 중심으로, 그리고 문화공공외교는 국기원 태권도 시범, 한국영화제, K-Food 축제 등 다양한 문화 행사를 중심으로 펼쳤다.

대학교 초청 강연은 정책공공외교를 해당 국가의 차세대 리더들에게 우리 정부의 주요 정책들을 설명하고 홍보하는 데 매우 좋은 기회이다. 특히 한미 동맹의 현재와 미래에서 중요한 역할이 기대되는 차세대들이기에 대학 강연은 기회를 주면 적극적으로 찾아가는 '심방 외교' 차원에서 최선을 다해 실행했다. 한미 동맹 70주년의 해에 나는 총 4회에 걸쳐 대학 강연을 했다. 내가 초청을 받아 강연한 대학교는 휴스턴 대학교(University of Houston(2회)), 샌안토니오의 세인 메리 대학교(St. Mary's University), 그리고 미시시피 잭슨 주립대학교(Jackson State University) 등이다.

세인 메리 대학교에서는 경영학부 교수 임성배 박사의 초청으로 강연을 했는데, 마침 부산 동서대학교 학생들이 연수 중이어서 미국 학생들과 함께 강연을 듣게 되었다. 강연 제목은 'Leadership in the turbulent Times'였다. 나는 이 강연을 통해 20세기 전쟁과 사회적 격변의 시기에서 탁월한 리더십으로 새로운 질서를 태동하고 사회 공동체의 변화를 주도적으로 이끌었던 위대한 리더들의 리더십 스타일을 소개하고, 오늘날 리더십의 부재 시대에서 우리는 보다 나은 공동체의 미래를 위해 어떤 리더십을 추구해야 하는가를 학생들에게 제시하고자 노력했다.

윤 대통령의 '담대한 구상'과 국제공조 리더십

　우리 정부가 추구하는 정책공공외교의 목적에 잘 부합하는 강연은 휴스턴 대학교에서 한 2회 강연이라 할 수 있다. 첫 번째 강연은 휴스턴 대학교 백기준 박사의 초청으로 이뤄졌다. 백 박사는 이 대학의 중견 교수로 한인 교수들을 대표하는 분으로, 나에게 리더십을 주제로 강연을 요청했다. 나는 리더십을 공부하고 이 주제로 몇 권의 저서를 출판한 경험이 있어 리더십 강연은 매우 친숙했다. 그러나 정부의 정책공공외교의 목적에 부합한 리더십 강연을 해야 하기 때문에 그에 적합한 주제를 선정하고 내용을 구성하는 데 고민을 하지 않을 수 없었다. 고민 끝에 강연 제목을 'Leadership in the Turbulent International Order'로 정했다. 그리고 강연 내용은 20세기 혼돈의 국제질서

휴스턴대학교
'담대한 구상과 국제공조 리더십' 강연

속에서 위대한 지도자들의 리더십이 국제 질서를 재편한 사례를 설명하고, 북한의 비핵화를 위해 윤석열 대통령이 발표한 '담대한 구상'의 전략적 이행과 국제공조를 위하여 윤 대통령이 리더십을 어떻게 발휘하고 있는지 소개하는 것으로 구성했다.

휴스턴 대학교 강연에는 학부와 대학원생 약 50여 명, 한국인 교수들 7, 8명이 참석했다. 먼저 혼돈의 국제질서 속에서 위대한 지도자들의 리더십을 우드로 윌슨(Woodrow Wilson) 대통령, 프랭클린 루스벨트(F. Roosevelt) 대통령, 케네디(John F. Kennedy) 대통령과 레이건(R. Reagan) 대통령을 중심으로 소개했다. 제1차 세계대전 이후 국제 평화 질서 구축을 위해 리더십을 발휘했던 우드로 윌슨은 도덕적 힘으로 평화의 가치를 높였던 윤리적 리더십(Ethical Leadership)의 전형이었다. 프랭클린 루스벨트는 변혁적 리더십(Transformational Leadership)으로 국내적으로는 대공황의 위기를 극복하였고, 제2차 세계대전 참전으로 국제사회에서 미국의 역할을 증대하면서 유엔을 통한 국제 안보 실현에 크게 기여하였다.

한편, 냉전 당시 소련의 쿠바 미사일 기지 건설로 인해 핵전쟁의 위기가 국제사회에 고조되었을 때 존 에프 케네디의 쿠바 미사일 위기에 대한 판단과 결단은 리더십의 핵심은 판단력이며, 리더의 판단력은 위기에 빛이 난다는 사실을 가장 잘 보여 준 대표적인 사례였다. 또한 소련 연방의 해체도 미국의 레이건 대통령, 교황 요한 바오로 2세(John Paul II), 영국 총리 마가렛 대처(Magaret Thatcher)와 같은 위대한 지도자들의 리더십이 있었기 때문에 가능했다. 나는 지도자의 리더십이 혼돈의 질서 가운데서 새로운 질서의 태동에 매우 중요하다는 점을 학생들에게 강조했다.

강연의 핵심인 북한의 비핵화를 위한 윤석열 대통령의 리더십과 국제공조와 관련해, 나는 **"윤 대통령의 '담대한 구상**(Audacious Initiative)**'은 무엇보다도 국제적인 공조, 즉 자유, 평화, 번영이라는 핵심 가치를 공유하는 자유세계의 국가들과 적극적인 공조를 통해 북한의 비핵화 문제를 해결해 나가자는 것**"이라고 말하면서 '담대한 구상'의 세 단계를 구체적으로 설명하고, 이의 전략적 이행과 국제공조 체제의 강화를 위해 윤 대통령이 리더십을 어떻게 발휘하고 있는지, 그리고 이런 리더십의 결과로 나토(NATO) 회원국들과의 연대, 한미정상회담과 한일정상회담 등이 성공적으로 이뤄졌음을 강조했다. 특히 변혁적 리더십의 핵심은 가치의 공유를 통해서 공동의 목표를 향해 나아가는 것인데, 이런 점에서 '담대한 구상'이 추구하는 궁극적 목표가 북한의 비핵화와 한반도 평화 질서 구축이라는 공동선(Common Good)이므로 윤 대통령의 리더십은 변혁적 리더십이라고 평가했다.

강연 후 학생들의 질문이 이어졌다. 학생들은 국제 질서가 혼돈의 시대를 맞이했을 때 새로운 질서를 태동한 위대한 리더들의 리더십처럼 북한의 비핵화를 유도하기 위해 국제사회와의 공조를 이끌어 궁극적으로 한반도의 평화 질서를 구축한다는 윤 대통령의 '담대한 구상'과 리더십이 성공하길 바란다고 소감을 밝혔다. 이어 학생들은 주로 북한이 비핵화 협상 테이블에 나왔을 때 북한을 신뢰할 수 있는가에 대해 궁금해하였다. 나는 **"협상을 위해서는 무엇보다도 상대방에 대한 신뢰가 전제되어야 하지만 그동안 북한은 협상 테이블에서 많은 신뢰를 보여 주지 못했던 것이 사실이다"**고 말했다. **"그럼에도 우리 정부는 북한이 조건 없이 협상 테이블에 나오는 것을 기다리고 있으며, 중요한 것은 신뢰가 전제되어야 하지만 일단은 대화가 조건 없이 시작하는 것이 더 중요하다고 생각한다"**고 말했다.

미국의 대학생들은 기대했던 것보다 한국 문제에 대해 많은 관심을 보였다. 재외공관장으로서 현장 중심의 외교 활동, 즉 '심방 외교'에 노력을 기울이면 다양한 관심을 지닌 현지인들의 이야기를 들을 수 있고, 그들과 소통하는 과정에서 우리가 검토하고 대응해야 할 과제와 그에 대한 해법을 제시하는 데 많은 도움을 얻을 수 있다. 대학교 강연은 정책공공외교의 살아 있는 현장이며, 솔루션을 찾는 심방 외교의 좋은 사례이다.

16

안보 동맹을 넘어 문화 동맹으로

*이 강의는 워싱턴 디시 한미정상회담 개최 5일 전에 이뤄졌다.

미국에서 K-pop, K-drama, K-food 등 K-Culture의 인기는 대단하다. 휴스턴의 라이스 대학, 휴스턴 대학, 그리고 오스틴의 텍사스 대학 등 여러 대학에서 K-pop 동아리 활동이 활발하다. 뿐만 아니라 휴스턴의 한국 교육원을 비롯해 한글 학교가 운영 중인 곳마다 학생들이 K-pop을 배우고, 수료식 때에는 직접 공연도 한다. 이런 현상은 휴스턴 외에도 뉴욕, 로스엔젤레스, 시카고, 시애틀, 샌프란시스코, 애틀랜타, 댈러스 등 미국 대도시에서도 쉽게 발견할 수 있다. 미국 전체가 K-pop 열풍에 빠져들고 있다 해도 과언이 아니다.

미시시피주 잭슨 주립대학교 김현정 교수(한인회장)로부터 강의 요청을 받았다. 강의 대상은 미술대학생들이었다. 나는 예술 분야를 전공하는 학생들을 대상으로 안보·군사동맹을 주제로 한미관계와 북한 비핵화를 주제로 강의하는 것은 너무 무거울 것 같아 K-Culture를 주제로 강의를 하면 더 효과적일 것이라는 생각을 했다.

강의 제목을 'Beyond Security: K-Culture and Korea-USA Alliance'로 결정했다. 강의실에는 미대학생들을 비롯해 다른 학과 교수와 학생들도 참석했다. 강의 서두에서 나는 올해는 한미 동맹 70주년을 기념하는 해로서 한미 동맹으로 지난 70년간 한국의 자유와 민주주의 그리고 시장 경제는 높은 수준으로 발전했다는 사실을 강조하고, 한미 동맹 70년은 군사·안보적 측면이 중심이었으나 작년에 윤석열 정부가 출범한 후 개최된 한미정상 회담을 통해 한미 동맹은 '전략적 포괄적 동맹'으로 발전했다고 밝혔다.

이어 한미 동맹은 지금 새로운 미래로 나가야 하는 중요한 시점에 놓여 있으며, 특히 문화적 관계, 즉 소프트 파워(Soft power) 측면에서 K-Culture가 한미 양국 교류에 중요한 영향을 끼치고 있는데, 오늘은 바로 이 부분에 초점을 맞춰 K-Culture가 한미 동맹의 미래에 어떤 영향을 끼칠 것인가 하는 점을 중심으로 강의를 하겠다고 밝혔다. (이후 강의 내용 압축 요약)

나는 강의에서 한미 동맹 70년의 역사는 궁극적으로 한국의 자유와 민주주의의 신장, 시장 경제의 발전이라는 결과를 보여 주었다고 강조했다. 주한미군의 주둔으로 대표되는 한미 동맹은 무엇보다도 북한 공산주의의 위협으로부터 한국의 안보를 지켜 주었고, 한국은 굳건한 안보를 토대로 정치적으로는 동아시아에서 가장 역동적인 민주주의 국가로서 자유의 신장과 자유민주주의 체제의 안정된 발전을 가져왔다고 설명했다.

이어 경제적으로는 급속한 산업화와 시장 경제 체제를 통한 세계 무역 10대 국가로, 사회문화적으로는 언론 자유의 신장과 K-Culture의 글로벌화, 그리고 과학·기술적 측면에서 세계 IT 강국이자 글로벌 차원에서 반도체 산업국가의 확고한 위상 확보 등 모든 분야에서 글로벌 중추 국가로 성장하는 데 크게 이바지했다. 현재 한국은 미국에 있어 6대 주요 무역국 중 하나이며, 한국에게 미국은 최대 무역 상대 국가이다. 미국은 한국의 최대 수출국이며, 두 번째로 큰 수입국이다.

그뿐만 아니라, 한국과 미국의 문화적 연대는 K-pop, K-movie, K-drama와 K-food로 대표되는 K-Culture로 더욱 확산되고 있다. 지난해 5월 서울에서 열린 한미정상회담에서, 한미 양국의 두 정상은 한미 동맹을 기존 군사 안보 동맹의 굳건한 토대를 바탕으로 경제와 과학 기술 교류로 확장한 이른바 '포괄적 전략적 동맹'으로 격상하여 한미 동맹의 새로운 미래를 열어 갈 것으로 합의했다. 이제 한미 동맹 70주년은 경제 안보와 과학 기술 및 우주 개발 동맹의 새로운 미래로 전진할 것이며, 다가오는 4월 26일 워싱턴 디시에서 개최될 한미정상회담은 그 시작을 알리는 역사적인 출발점이 될 것이다.

코리아 소프트 파워의 성장과 영향

나는 학생들에게 국제 관계에서 힘(Power)의 두 가지 측면, 즉 하드 파워(Hard power)와 소프트 파워(Soft power)가 무엇인지 설명하고 오늘날 외교에서 소프트 파워는 당근과 채찍이라는 전통적인 외교정책 도구를 피하고 대신 네트워크(Network)를 구축하고 설득력 있는 내러티브(Narrative)를 전달하며 국제 규칙을 수립하고 국가를 자연스럽게 세계에 매력적으로 만드는 자원을 활용하여 영향력을 달성하려고 노력하는 것이라고 설명했다. 이런 설명을 토대로 K-pop은 1990년대 후반부터 영향력 확대를 모색해 온 한류에 힘입어 전 세계적으로 소프트 파워를 표현한 것이며, K-pop의 성공은 최근 수년간 지속적 영향을 확산해 온 K-Culture의 무시할 수 없는 힘이 되었고. 그 결과 한국은 미국이 유지하고 있는 문화적 우세뿐만 아니라 아시아의 미래를 위한 진로에 도전하고 있다는 점을 강조했다.

한국의 글로벌 문화 영향력은 이제는 문제가 되지 않는다. 한국 정부도 수동적으로 K-pop이나 K-drama가 전 세계 관객을 끌어들이는 것이 아니라 한국의 강력한 대중문화와 다양한 소프트 자원들(soft resource)을 진정한 소프트 파워로 전환하는 데 적극적으로 참여하고 있다. BTS를 유엔총회와 같은 전통적인 외교 행사에 참여시키거나, 바이든 미 대통령의 백악관을 방문하거나 주요 외교 협상 무대에 그들의 메시지를 전하는 것 등이 대표적인 사례이다.

최근 몇 년 동안 한국 문화는 방탄소년단, 블랙핑크 등 K-pop 그룹의 성공, 영화 〈기생충〉, 넷플릭스 시리즈 〈오징어 게임〉에 힘입어 전 세계적인 주목을 받았다. 한국 영화와 TV 드라마의 성공도 놀랍다. 2019년 개봉한 〈기생충〉은 한국 영화 최초로 칸 영화제에서 황금종려상을 수상했으며, 제92회 아카데미 시상식에서 작품상, 감독상, 각본상 등 4관왕을 달성했다. 최우수 국제 장편 영화로 2021년 9월에 공개된 한국 프로그램인 〈오징어 게임〉은 공개 첫 4주 동안에만 총 16억 5천만 시간의 스트리밍을 기록하며 넷플릭스(Netflix)에서 역대 가장 많이 본 프로그램이었다. 한국과 미국을 포함한 최소 90개국에서 1위를 차지했다. 한국 문화에 관한 관심의 파생적 순환이 일어났고, K-pop 음악을 듣고 영화와 드라마를 보는 것은 한식, 패션, 뷰티 등에 대한 관심이 급증하고 있다.

근본적으로 한류의 성공은 정치, 경제, 문화가 역사적으로 융합된 결과라고 볼 수 있다. 한국은 참혹한 전쟁에도 불구하고 불과 반세기 만에 글로벌 선진국으로 G20 국가 가입과 최근 G8 국가로 불리울 정도로 경제적 성장을 이뤘다. 현재 1인당 소득이 미화 35,000달러 이상인 세계 10위 경제 대국이다. 이러한 경제 발전을 토대로 자유민주주의의 신장은 언론과 표현의 자유를 비롯해 문화 예술의 르네상스 시대를 열게 했다. 한국의 압축 성장과 경험은 한국 문화를 전통, 현대, 그리고 세계적 가치가 혼합된 문화로 만들고 전 세계의 관객들에게 공감을 자아내는 창의적인 콘텐츠를 지속적으로 개발하도록 이끌었다. 또한 한국의 소프트 파워의 확산은 디지털 기술의 발전, 특히 미디어 환경의 변화와 네트워크의 고도화에 의해 이뤄졌다. 이러한 미디어 환경은 K-pop의 글로벌 진출과 K-drama 시장의 국제적 확산에 기여했다.

미국은 세계 최대 규모의 콘텐츠 시장(2021년 기준 9,798억 달러)이자 K-콘텐츠의 성장 잠재력(2021년 콘텐츠 산업 조사 기준 K-콘텐츠 수출액 중 미국 점유율 13.3%)이 높다. 한국은 경제성장, 자유민주주의, 그리고 문화적 능력이라는 세 마리 토끼를 다 잡았다. 한국의 소프트 파워 생태계는 이미 잘 조성되었다. 한국의 소프트 파워는 지속적으로 글로벌 영향력을 확산할 것이다.

한국과 미국의 문화 동맹의 미래는 매우 밝다. K-Culture는 힘이 있다. 한미 동맹 70주년과 4월 26일 한미정상회담은 한미 동맹의 새로운 미래와 비전을 보다 더 구체적으로 펼쳐 갈 것이며, K-Culture는 한미 동맹의 미래를 더욱 밝고 견고하게 하는 문화적 매개체로서 역할을 충분히 감당하고, 그 영향력은 놀라울 것이다. 그리고 한미 동맹 70주년은 한미문화 동맹의 원년이 될 것이다.

강의를 마치고 학생들과 대화의 시간을 갖고 미국 학생들이 K-Culture에 많은 관심을 갖고 있음을 직접 확인할 수 있었다. 어떤 학생은 앞으로 한국에 가서 K-Culture를 경험하고 공부하고 싶다는 포부를 밝히기도 했다. 미국 대학생들이 보여 준 K-Culture에 대한 높은 관심을 통해 대한민국의 문화적 파워가 얼마나 큰 것인지 더욱 실감했다. 현장에서 느끼고 배우는 경험이 중요하다. 미국의 젊은 세대가 문화를 통해 한국을 이해하고 문화적 연대로 한미 동맹의 새로운 미래를 엿볼 기회를 얻는다는 것은 매우 유쾌한 경험이다.

▶관련 기사
코리안저널, "정영호 총영사 현지 방문…… 대학 강연회"(2023.4.27.)

17

민주평통협의회 강연, '담대한 구상'과 남북 관계 전망

민주평통 휴스턴 협의회(회장 박요한)에서 강연을 요청했다. 내가 총영사로 부임한 지 2개월 즈음 개최하는 신년하례회에서다. 민주평통협의회의 강연 요청은 공관장이 정부의 외교정책과 관련해 통일정책 및 대북정책을 설명할 기회를 갖는 것이어서 매우 의미 있는 일이다. 민주평화통일자문회의(이하 '민주평통')는 헌법상 대통령 자문기구로서 민주평화통일 정책에 대한 자문과 정부의 통일정책 홍보와 지지 등 다양한 임무를 수행하는 기구이기에 나는 윤석열 대통령의 '담대한 구상'을 체계적으로 설명하고, 향후 남북 관계를 전망하는 것이 중요하다고 판단해 이 주제를 연구하고 '윤석열 대통령의 담대한 구상과 남북 관계 전망'이란 제목으로 강연을 했다.

문재인 정부가 추진한 대북정책의 기조인 '한반도 평화 프로세스'는 남북 관계 발전과 비핵화 사이의 선순환에 중점을 두면서도 남북 관계 개선을 우선하는 '선 평화 체제, 후 비핵화' 정책으로 요약할 수 있다. 이런 입장은 이른바 '판문점 선언'(2018.4.27.)에 잘 반영되어있다. 문재인 전 대통령과 김정은 총비서는 남북 협력을 중심으로 한반도 평화 체제 구축과 완전한 비핵화를 위해 노력한다는 내용에 서명했다. 두 정상은 '판문점 선언'에서 2018년 안에 종전을 선언하고 정전협정을 평화협정으로 전환하며 항구적이고 공고한 평화 체제 구축을 위한 남·북·미 3자 또는 남·북·미·중 4자회담 개최를 적극적으로 추진해 나가기로 합의하고, 남북 정상은 한반도 평화 체제 구축을 비핵화보다 더 중시하면서 한반도 평화 체제 구축을 위한 실천적 과제들 중 하나로 완전한 비핵화에 합의한다고 선언했다.

그리고 '판문점 선언'에서 남북 정상은 △불가침, ▷단계적 군축, △종전선언과 평화협정 체결, △비핵화 순서로 명기했는데 순서상으로 비핵화가 마지막 순서로 명기되었다. 북한은 핵문제 논의에 있어서도 평화 체제가 비핵화에 선행하는 최우선 의제로 다루어야 한다는 원칙을 갖고 있음을 분명히 했다. 따라서 남북 정상이 합의한 '판문점 선언'은 북한의 입장을 그대로 수용한 것이라고 평가할 수 있다.

제20기 민주평통 휴스턴 협의회 강연 후

문재인 정부는 비핵화보다는 한반도 평화 체제 구축을 우선적으로 강조했는데, 이것은 북한의 비핵화를 우선하는 미국과는 다른 접근으로 문재인 정부가 한미 협력보다는 남북 협력을 우선하고 남북 협력에도 북한의 입장을 우선한다는 것이었다. 북한의 '전략적 결단'에 의존하고 평양의 호의를 기대한 정책이 결국은 북한의 핵능력 고도화와 함께 남북한 관계의 주도권을 빼앗기고 북한에 끌려가는 구도를 낳았다.

나는 강연에서 대북 화해 협력에 중심을 둔 문재인 정부의 대북정책은 한미 관계에도 악영향을 미쳤다고 강조했다. 그 이유는 북한 비핵화를 지향한 남북한 및 미북 간의 정상외교에도 불구하고, 제대로 된 정보 공유나 조율은 이루어지지 않았고, 북한의 비핵화 의지에 대한 과대 포장, 대북제재 조기 해제 등을 둘러싼 한미 간 이견은 상호 불신의 근원이 되었기 때문이다라고 설명했다. 이어 문재인 정부가 2021년 가을 '종전 선언'을 내세우며 북한을 대화로 끌어내며 북미 관계를 중재하려 했지만, 그것은 현실성이 없는 접근이었으며, 문재인 정부의 대북정책은 의도했던 목적을 달성하지 못하고 사실상 실패로 끝났다고 평가했다.

윤 대통령, '담대한 구상' 제의

윤석열 대통령은 제77주년 광복절(2022.8.15.) 경축사에서 **"한반도**

와 동북아의 평화는 세계 평화의 중요한 전제이고 우리와 세계 시민의 자유를 지키고 확대하는 기초가 됩니다. 북한의 비핵화는 한반도와 동북아 그리고 전 세계의 지속 가능한 평화에 필수적"이라고 강조했다. 이어 윤 대통령은 "저는 북한이 핵 개발을 중단하고 실질적인 비핵화로 전환한다면 그 단계에 맞춰 북한의 경제와 민생을 획기적으로 개선할 수 있는 담대한 구상을 이 자리에서 제안합니다"라고 밝혔다. 윤 대통령의 제안은 북한의 비핵화를 우선하고 이후 평화 체제를 논의할 수 있다는 입장으로 대북정책과 비핵화가 상호주의로 진행되어야 하지만 '선 비핵화 후 남북 관계'개선을 강조한 것으로 문재인 정부와는 판이한 정책이다. 이것은 이전 정부가 남북문제의 주도권을 북한에게 양도한 것과는 달리 한국 정부가 주도권을 갖고 북한의 비핵화를 적극 추진해 한반도 평화 체제를 바로 세워 가겠다는 적극적 의지를 반영한 것이다.

'담대한 구상'은 북한 비핵화 3단계를 제시하고 있다. 제1단계 과제는 이른바 '3D 해법'으로, 북한의 핵 위협은 억제(Deterrence)하고, 핵 개발은 단념(Dissuasion)시키며, 대화 외교(Diplomacy)를 통해 비핵화를 추진하는 총체적 접근으로 북한이 비핵화 대화에 복귀할 수밖에 없는 전략적 환경 조성으로 북한을 비핵화 협상장으로 견인하는 일이다. 제2단계 과제는 북한이 진정성을 가지고 비핵화 협상에 나올 경우, 우리 정부는 과감한 초기 조치를 시행하는 가운데, 협상을 통해 비핵화 전반으로 아우르는 포괄적 합의를 도출하고 이를 단계적으로 이행하는 일이다.

마지막으로 제3단계 과제는 북한이 실질적 비핵화에 나설 경우 정치적, 경제적, 군사적 분야를 포괄하는 상응 조치를 제공하는 일이다. 또한 '담대한 구상'은 '담대한 구상'의 제3단계에 해당하는 '북한의 비핵화 진전에 발맞추어 경제·정치·군사적 조치를 동시적·단계적으로 추진'하는 이행 방안을 제시한다. '담대한 구상'은 이런 목표를 달성하기 위해 이전 정부에서 기울어졌던 한미 동맹의 재건과 '포괄적 전략 동맹'을 강화하고, 자유, 평화, 번영의 국제연대를 확산해 궁극적으로 북한 비핵화를 위한 국제공조를 강화함으로써 구체적인 비핵화 목표와 방법 등을 재확인했다는 측면에서 매우 중요한 정책이라고 평가할 수 있다.

그러나 북한의 반응은 냉담을 넘어 노골적인 불쾌함과 원색적인 비난 일색이었다. 김여정 북한 노동당 부부장은 "윤석열의 '담대한 구상'이라는 것은 … 어리석음의 극치이고… 우리의 국체인 핵을 '경제 협력'과 같은 물건짝과 바꾸어 보겠다는 발상"이라는 등 거친 표현을 사용하며 일축했다.(2022.8.19.) 나는 북한이 '담대한 구상'을 노골적으로 비판하며 반대하는 가장 큰 이유는 북한은 핵무장을 자신들의 '존재론적 안보(ontological security)'를 규정하는 '국가 정체성'의 핵심으로 인식하고 있기 때문이라고 설명했다.

나는 강연을 마무리하면서 강경한 비판과 반대 견해에 서 있는 북한을 당장 비핵화 협상 테이블로 끌어들이는 것은 대내외적으로 많은 어려움이 상존하고 있지만, 우리 정부는 인내심을 갖고 '담대한 구상'

의 단계적 실현을 위해 한미 동맹 강화, 한일 관계 정상화 및 협력 체제 강화 등을 바탕으로 국제공조 체제를 확산해 남북 협력 증진에 유리한 환경을 조성해 나갈 것이라고 밝혔다. 이어 **"윤석열 정부는 북한의 진정한 변화를 끌어내기 위해서는 자유민주주의, 시장 경제 그리고 인권 존중이라는 우리 정부의 정체성을 분명히 하고, 국제사회의 보편적 가치에 입각한 정책을 적극적으로 추진할 것"**이라고 말했다. 아울러 민주평통 미주협의회가 중심이 되어 윤석열 대통령의 '담대한 구상'을 적극적으로 지지하고, 북한이 대화 테이블로 나와 비핵화 의지를 천명하도록 미국 내 여론을 주도하고 재미동포사회의 통합된 여론 형성에 주도적 역할을 담당해 달라고 당부했다.

▶관련 기사
코리안저널, "통일강연회, 포괄적 전략동맹이 바탕된 '담대한 구상'"(2023.3.23.)
한미저널, "윤석열 대통령의 '담대한 구상은?"(2023.3.23.)

18

'담대한 구상' 전략적 실행, 통일 여성 리더십의 실천 과제

제20기 민주평통 임기를 마무리하는 시점에서 미주협의회(박요한 부의장 직무대행)가 전국 여성 지도자들을 대상으로 여성 리더십을 주제로 강연 요청을 했다. 그리고 윤석열 정부에서 처음으로 출범한 제21기 민주평통 워싱턴협의회(회장 린다 한)도 통일정책 강연회를 개최하면서 첫 번째 강사로 저를 초대했다. 두 협의회의 강연 일정은 서로 다르지만 유사한 내용으로 강연을 했기에 여기서는 공통부분만 발췌해서 소개하겠다.

민주평통 미주협의회 여성 리더십 강연 제목은 '담대한 구상 구체적 실행과 여성 리더십'이었으며, 워싱턴협의회 강연은 '담대한 구상 전략적 실행'이었다. 나는 강연을 준비하면서 윤 대통령의 '담대한 구상'을 어떻게 전략적으로 실행하는 것이 좋을까 하는 문제를 중심으로 강연을 하고 좋은 방안을 제안하면 좋겠다고 생각했다. 대체로 두 강연은 '담대한 구상'의 핵심 사항을 쉽게 이해하고, 강연의 핵심이라 할 수 있는 구체적 실행 방안을 상세하게 설명하는 내용으로 준비했다.

본격적인 주제 강연에 앞서 나는 세계정세 및 한반도 정세를 간략하게 설명했는데, 특히 한반도 정세 관련하여 △한·미·일 vs 북·중·러 갈등 관계 신냉전 구도 형성, △북한 핵 능력 고도화가 우리 안보의 실질적 위협으로 대두, △북한은 내부적으로 경제난 악화 등으로 심각한 수준의 곤궁함, △한반도 주변 4국은 남북 관계 교착국면 속 영향력 확대를 도모 등 4가지 사항을 중심으로 설명했다. 이어 '담대한 구상'은 그 배경과 '3D 해법'의 핵심적 사항을 중점적으로 해설하고 이해를 돋구었다.

'담대한 구상' 전략적 실행, 북한 인권 문제

작년 4월 워싱턴 디시 한미정상회담 공동선언문에서 **"양 정상은 한반도의 모든 구성원들을 위해 더 나은 미래를 만들어 나가기로 하고, 자유롭고 평화로운 통일 한반도를 지지한다. 한미 양국은 가장 취약한 북한 주민들에게 인도적 지원을 제공할 준비가 되어 있으며, 북한 내 인권을 증진하고 납북자, 억류자, 미송환국군포로 문제를 해결하기 위한 협력을 강화할 것이다. 바이든 대통령은 대한민국의 '담대한 구상'의 목표에 대한 지지를 재확인하였다. 양국은 북한이 북한 주민의 인권과 존엄성을 노골적으로 침해하고, (…).**

한미 양국은 북한과 개인 및 단체의 유엔 안보리 결의 위반 행위에 대응하기 위해 유엔 안보리 및 국제사회와 협력해 나가기로 하였다.”라고 밝혔다.

나는 강연을 통해서 북한의 진정한 변화를 이끌어 내기 위해서는 자유민주주의, 시장 경제, 인권 존중이라는 우리 정체성을 분명히 하고, 보편적 가치에 입각한 정책을 추진하는 것이 중요하다는 점을 강조하면서 '담대한 구상'의 전략적 실행 방안의 하나로 북한인권문제에 대한 관심을 가질 것을 제안했다. **이는 지난 워싱턴 한미정상회담에서 양국 정상이 공동선언문에서 북한 인권 문제를 직접 언급했기 때문이다.**

북한 인권 문제 개선을 위한 미주협의회의 통일 여성 리더십과 민주평통협의회가 적극적으로 추진해야 하는 과제로 첫째, 북한 인권 실태 현황 파악과 인권 증진 활동을 미주 동포사회와 국제기구 등을 통해 적극적으로 홍보하고, 미주지역 차세대들을 대상으로 북한 인권실태 보고와 인권증진을 위한 적극적 관심 유도를 위한 교육 활동을 전개, 둘째, 미국 내 인권 단체와 북한 인권 단체, 나아가 한국 내 북한 인권개선 시민단체의 리더들과 북한 인권 증진을 위한 리더십 네트워크 구축하여 국제연대 활동 공조에 노력, 셋째, 유엔 안보리 제재의 틀 내에서 북한의 식량난이나 자연재해 발생 시 민주평통 사무처와 협의하며 미주동포들과 연대하여 긴급 구호를 신속하게 실시, 마지막으로 미국 내 이산가족 실태 파악과 국내 이산가족 상봉 지원 등을 제시했다.

제21기 민주평통 위싱턴협의회 초청 특강 후

그리고 미주협의회 통일 여성 리더십과 워싱턴협의회 위원들에게 대통령 자문기구의 구성원으로서 그들의 행위가 통일공공외교의 영역에서 매우 중요하다는 사실을 설명했다. 통일공공외교란 정부와 민간 영역이 소프트 파워를 자산으로 상대국 국민, 그리고 글로벌 스페이스를 대상으로 한반도 통일의 정당성과 당위성에 대한 자발적 이해와 공감, 지지를 얻기 위하여 열린 소통 과정을 통해 대북정책 및 한반도 평화와 통일에 대한 한국의 입장을 알리고 설득하는 (비)공식 외교 행위라고 정의할 수 있다.

이어 나는 통일공공외교 전략으로 두 가지 방안을 제시했다. 첫

째는 지식 바탕의 통일공공외교로 △민주평통 여성 리더십과 워싱턴 디시 협의회 중심으로 관할 지역 동포들과 2세들을 위한 '담대한 구상' 교육, 강의, 세미나 등 지역 주요 도시 순회 실시, △북한 인권 실태 보고회 및 인권 증진 강연, 세미나 순회 개최, △관할 지역 주류사회 리더들을 대상으로 '담대한 구상' 홍보 및 북한 인권 보고회 개최 등을 제시했다. 둘째, 문화 바탕의 통일공공외교 활성화를 위해 △K-Culture 콘텐츠를 매개로 한 평화통일 이벤트 개최, DMZ 사진전 개최, △북한 여성 인권 실태를 알리는 전시회 개최, △북한 여성 인권 피해(성폭력, 성매매 등)를 주제로 한 다큐, 영화 및 연극 공연 등 몇 가지 방안을 제시했다.

강연을 마무리하면서 나는 북한 인권 문제는 한미 간 긴밀한 공조 및 글로벌 네트워크 활성화가 필요하다고 강조했다. 한미 동맹 및 인권 중시 국가들과의 강력한 연합전선을 재건하고, 특히 한미 북한 인권 대표의 공조를 본격화하고, 북한 인권협의체 운영 재개는 물론 한국과 유엔의 인권특사가 여성인 만큼, 북한 여성과 아동 인권 보호에도 긴밀한 협력을 통해 북한을 압박해야 한다고 설명했다. 이어 민주평통 미주 여성 리더십과 워싱턴협의회가 중심이 되어 윤석열 대통령의 '담대한 구상'을 적극적으로 지지하고, 북한이 대화 테이블에 나와 비핵화 의지를 천명하도록 미국 내 여론을 주도하고 재미동포사회의 통합된 여론 형성에 주도적 역할을 하는 것이 중요하다는 점을 강조했다.

특히 나는 강연 말미에서 워싱턴 디시는 미국 및 세계 정치의 중심지이기 때문에 윤석열 대통령의 '담대한 구상'이 워싱턴협의회를 통해서 구체화하고 실현되기를 바라며, 세계가 전쟁의 위협 가운데 있을수록 한미 동맹의 강화와 한·미·일의 실절적 공조 논의가 필요하다고 강조했다. 이어 윤석열 대통령은 재외동포들과의 협력이 매우 중요하다고 여기고 있으니 미 연방정부, 의회, 주정부와의 협력을 통해 북한 비핵화와 한반도의 안정을 위해 워싱턴협의회가 중심이 되어 주길 바란다고 당부했다.

재미동포사회의 여론을 주도하는 그룹들은 다양하다. 이 가운데 민주평화통일자문회의는 대통령에게 평화통일 정책을 자문하는 헌법기구로서 그 위상은 다른 단체들과는 현격한 차이가 있다. 나는 기회만 주어진다면 공관장은 정부의 통일정책, 대북정책을 우리 정부의 외교정책과 관련해 동포사회의 지도자들에게 설명하고 대화를 나누는 일에 적극적으로 나서는 것이 중요하다고 생각한다. "적극적으로 나선다"는 것은 공관장이 현장을 중요하게 여긴다는 것을 의미한다. 공관장은 현장을 찾아가서 현장에서 소통하고 공감하고 해답을 찾는 노력을 해야 한다. 이것이 '심방 외교'이다. 지금도 나는 관할 지역의 주요 대학들과 단체들, 그리고 타주의 단체들로부터 강연 제안을 받고 있다. 내가 강연하는 주제는 한미 동맹, 경제 안보 및 기술 동맹, 리더십 그리고 동포사회의 연대와 통합 및 통일·대북정책 등이다. '심방 외교'가 추구하는 가치를 잘 반영하는 주제들이다.

▶관련 기사

코리안저널, "진정한 리더십 '내가 속한 자리에서 출발'"(2023.7.27.)

Manna24, "워싱턴 평통, 정영호 통일 강연회"(2023.11.12.)

하이유에스코리아, "워싱턴 평통, 담대한 구상 전략적 실행이라는 주제로 정영호 휴스턴 총영사 특강 개최"(2023.11.13.)

월드코리안, "민주평통워싱턴협의회, 정영호 휴스턴 총영사 초청 강연회"(2023.11.14.)

19

휴스턴대학교 학생들과의 소통, 한국 문제에 대해 깊은 관심 보여 줘

재외공관 관할 지역의 대학교에서 강의하는 것은 공관장에게 자국의 정책공공외교를 홍보하는 데 매우 효과적이다. 휴스턴 대학교 클리어 레이크(Clear Lake) 캠퍼스에서 정치학 교수로 재직 중인 이세영 박사로부터 학생들을 대상으로 강의를 해 달라는 요청을 받았다. 나는 이세영 박사와 민주평통 휴스턴협의회에서 자주 만나 윤석열 정부의 대북 및 통일정책 등을 주제로 대화를 나누며 공감대를 형성해 왔던 터라 흔쾌히 강연 요청을 수락했다. 이번 강의 대상은 '텍사스 정치(Politics of Texas)' 교양 과목을 수강하는 학생들이라 기본적으로 정치에 대해 비교적 관심이 높은 편이었다.

나는 정치학 수업을 듣는 학생들에게 한미 동맹의 과거, 현재, 미래에 대한 전망, 그리고 한미 동맹 70주년 기념 한미정상 회담을 계기로 양국의 동맹 관계가 경제 안보와 과학 기술 동맹 시대로 발전하고 있는 현실에서 텍사스가 전략적으로 얼마나 중요한가를 설명하고, 학생들이 앞으로 한-텍사스 관계에 많은 관심을 갖도록 권면하는 것이 좋겠다는 생각에 강의 준비를 했다. 이날 강의 제목은 'The Strategic Importance of Texas in the Korea-US Alliance'였다.

휴스턴대학교 클리어 레이크 캠퍼스 강연 후

2023년 10월 19일 오전 10시 휴스턴 대학교 클리어 레이크 캠퍼스의 한 강의실에 사회과학부 학생 80여 명이 모였다. 이 자리엔 대한민국의 휴스턴 총영사가 강의한다는 소식을 듣고 타과 학생들도 참석했을 뿐만 아니라 클리어 레이크 캠퍼스 인문대학장 글렌 샌포드(Glenn Sanford) 박사, 에이미 루카스(Amy Lucas) 학장과 이세형 교수도 참석했으며, 에이미 루카스 학과장은 직접 마이크를 잡고 나를 소개했다.

이날 강의 서두에서 나는 **"한미 양국이 상호방위조약을 체결하고**

70년이 흐르는 시간 동안 양국 관계는 눈부시게 발전되어 왔으며, 양국 정상은 지난 4월 워싱턴 디시에서 한미 동맹 70주년 기념 한미정상회담을 개최해 양국 관계의 새로운 미래를 여는 데 합의를 보고, 향후 한미 동맹은 안보 동맹을 기반으로 기술, 과학, 문화, 정보 등 다양한 분야에 걸쳐서 확장되어 가고 있으며 자유민주주의, 법치주의 및 인권 등의 가치를 수호하기 위한 '가치 동맹'임을 재확인했다"고 설명했다. 특히 "양국 정상은 북한의 비핵화와 한반도 핵전쟁 억제를 위해 한미 양국 간 '핵협의 그룹'을 운영하는 문제를 포함해 미국의 핵 자산을 전략적으로 사용하는 모든 정보와 의사 결정 과정을 공유하는 데 합의한 '워싱턴 선언'을 발표했다"는 사실을 알려 주고 "한미 동맹의 새로운 미래가 시작되었다"고 강조했다.

또한 오늘날 한국이 세계 10위의 경제 대국으로 발전한 배경에는 뛰어난 기술의 제조업이 뒷받침되었으며, 반도체, 디스플레이, 가전제품, 자동차, 조선, 철강 등의 분야는 세계 최고 수준으로, 2012년 한미 FTA 발효 이후, 양국 교역은 약 90% 증가하였고, 2022년 기준으로 한국의 대미 수출은 1천억 불을 돌파하고, 전체 교역액도 2천억 불에 육박할 정도로 한미 양국 간 경제 교류 규모는 급격히 발전했다고 설명했다.

특히 지난 4월 윤석열 대통령의 국빈 방문 시 한미 정상은 반도체, 클린 에너지, 배터리, AI 및 양자 컴퓨터 등 미래 유망 기술 분야에 대한 연구 협력과 인력 교류 활성화를 발표하고, NASA가 주도적으로 추진 중인 아르테미스 프로그램의 한국 참여를 통해 양국의 동맹 관계를 우주 영역으로까지 확장하였다고 강조했다.

한-텍사스 전략적 중요성

나는 이날 강의의 핵심 주제인 텍사스의 전략적 중요성에 대해 설명하면서, 한국은 2022년 기준으로 텍사스에 있어서 4번째 규모의 교역 파트너로서, 주요 수출 품목으로는 텍사스의 오일 가스, 전자 제품, 기계 및 화학 제품 등이, 한국은 전자 제품, 철강 재료, 기계 및 석유화학 제품 등이 각각 큰 비중을 차지하고 있다는 사실을 알려 주었다. 그리고 삼성반도체는 현재 오스틴 반도체 공장을 통해 약180억 불을 투자하여 막대한 경제 효과를 유발하였고, 테일러시에 건립 중인 두 번째 반도체 공장은 약170억 불을 투자하여 2024년 가동 시점에는 지역 내 1만 여개의 일자리를 창출 예정이라고 설명했다. 삼성반도체의 이런 막대한 규모의 투자는 양국 반도체 공급망 협력을 강화하는 것으로 전략적으로 매우 중요한 문제라고 강조했다.

또한 NASA에서 추진 중인 다자 참여 우주개발을 비롯해 보잉, 스페이스X, 블루 오리진 등 대표적인 민간 우주기업들과 국내 기업 협력을 촉진할 수 있는 지역이 텍사스라는 점을 상기하면서 향후 한미 우주개발 시대의 과제인 아르테미스·달·화성 계획 등 우주탐사 분야에 대한 구체적 협력 방안을 도출하고 이를 기반으로 양국 기업 협력 방안이 마련될 것이라는 점, 그리고 세계 최대 규모의 메디컬 단지인 텍사스 메디컬 센터는 바이오 시장 개척의 요람이 되어 한국 바이오 기업과 미국 메디컬 센터 간 협업이 확산될 것이라고 설명했다.

나아가 세계 에너지 수도인 휴스턴은 한미 양국 에너지 기업들이 수소, 재생 에너지, CCUS 등 에너지 산업 발굴에 관심이 큰 만큼 서로의 강점을 활용해 R&D, 실증 프로젝트 공동 추진 등을 기대할 수 있다고 밝혔다. 이처럼 텍사스는 한미 동맹에 있어서 첨단 산업 중심 경제·기술 협력 고도화를 통해 글로벌 전략 동맹을 한층 더 강화할 수 있는 전략적 요충지라는 사실을 강조하면서 학생들이 한-텍사스 관계에 관심을 갖고 한국에 대한 연구와 관심을 증대시켜 학생들의 미래를 여기에서 발견하면 좋을 것이라고 권면하면서 강의를 마쳤다. 학생들의 박수 소리가 한-텍사스의 미래를 축하하는 것처럼 들렸다.

강의 후 학생들과 질의·응답 시간을 가졌다. 학생들은 한국의 총영사가 강의한다고 해서인지 한국문제에 대해 매우 깊은 관심을 보여 주며 진지한 질문들을 했다. 그들의 질문 가운데 몇 가지는 매우 예리했다. ■한국 전쟁 발발 시 미군의 개입에 반대한다는 최근 미국네 여론 조사에 대한 생각, ■북한의 완전한 비핵화는 가능한지, ■중앙집권 국가인 한국은 연방국가인 미국과 어떤 차이가 있는가, ■한국의 고령화 문제로 인한 노동력 감소를 해소하기 위한 대책은, ■현재와 같은 한국의 건강보험 시스템이 미래에도 유지가 가능한가 등이었다. 나는 전문가 수준에서 답변이 요구되는 질문들을 들으면서 미국 대학생들의 한국 문제에 대한 관심의 수준이 매우 높다는 사실을 알게 되었다. 물론 나는 이 질문들에 대해 성실하게 답변을 했다. 지면 부족으로 답변을 옮기지 못해 아쉽다.

모든 일정을 마치고 공관으로 돌아와 나는 동행했던 정무 영사에게 내년에는 휴스턴 대학교에서 대학생들과 전문가들이 모여 한미관계를 주제로 대토론회를 하면 좋겠다는 의견을 제시했다. 올해 하반기에 대토론회를 개최할 예정이다.

한미 동맹의 미래는 젊은 세대들이 주역이 될 것이다. 아니 그들이 현재와 미래의 주역이다. 그들이 지금 무슨 생각을 하고 있는지 입체적으로 파악해 정부에 건의하는 노력이 필요하다. 현장의 목소리가 미래의 정책 방향을 결정한다. 심방 외교의 답은 현장에 있다.

20

휴스턴을 사로잡은
국기원 태권도 시범단 공연

글로벌 차원에서 국기 태권도의 인기는 대단하다. 미국의 도시마다 한인사회가 주관하는 행사에서 현지 태권도장을 중심으로 펼쳐지는 태권도 시범 공연은 인기가 높다. 태권도는 미국에서 가장 오랜 전통을 지닌 대표적인 K-sports로서 사실 한류의 원조라고 할 수 있다. 미국에는 약 1만 5천 개의 태권도장이 있고 태권도 인구는 약 7백만 명에 달한다. 종주국인 한국을 제외하고는 태권도 인구가 가장 많은 나라이다.

나는 공관장으로 부임하기 이전부터 국기 태권도의 공공외교 역할에 깊은 관심을 가졌다. 태권도가 대한민국의 국기로 지정되는데, 이동섭 국기원장의 역할이 매우 컸다. 이동섭 원장이 제20대 국회의원으로 활동하던 당시 2018년 3월 30일 국회 본회의에 '태권도 진흥 및 태권도 공원 조성 등에 관한 법률 일부 개정 법률안'(대표 발의 이동섭)이 상정되어 가결됨으로써 태권도가 국기로 지정되었다. 태권도를 국기로 지정하는 문제는 이승만 정부와 박정희 정부에서도 끊임없이 제기되었지만, 법제화의 길은 요원했다. 그러나 이동섭 원장은 제20대 국회의원이 되면서 국내 최초 태권도 공인 9단의 명예를 가슴에 안고 태권도를 국기로 지정하는 각고의 노력을 벌여 마침내 목적을 이루었다. 이동섭 국기원장의 헌신이 빚어낸 결과였다.

나는 작년 3월 말 즈음에 재외공관장 회의 참석차 서울에 체류하던 중 이동섭 국기원장을 만났다. 나는 이동섭 원장에게 한미 동맹 70주년을 맞이해 휴스턴에서 국기원 태권도 시범단 공연을 유치하고 싶다며 도움을 요청했다. 이동섭 원장은 평소 내가 국기 태권도의 공공외교 활성화를 강조한 것에 대해 좋은 인상을 느끼고 있던 터라 요청을 흔쾌히 수락했다.

이동섭 국기원장의 감사패 수여

작년 7월 이동섭 원장이 국기원 태권도 시범단을 이끌고 플로리다 잭슨빌(Jacksonville, Florida)에서 개최된 국제오픈태권도 대회에 참석하기 위해 플로리다에 왔다. 국기원 시범단은 모든 행사를 마치고 한국으로 돌아가는 길에 휴스턴에 방문해 '한미 동맹 70주년 기념 국기원 태권도 시범단 공연' 행사를 하기로 했다. 너무 반가운 소식이었다. 그런데 개최 날짜가 불과 3주밖에 남지 않았다. 여름 방학 기간이라 대학 및 고교 체육관을 사용하기가 어려웠다.

나는 먼저 기쁜 소식을 공관 영사들에게 알리고 오영국 휴스턴 체육회 이사장과 유유리 회장 그리고 청우회 회장과 재향군인회 회장 등 휴스턴 한인 커뮤니티 단체장들을 관저로 초대해 오찬을 함께 나누었다. 한인 커뮤니티의 지도자들을 초대해 관저 오찬을 함께 나눈 것은 국기원 시범단 공연 준비 기간이 매우 짧은 데다가 일단 이 행사를 성공적으로 치르기 위해 동포사회의 적극적인 협조를 요청하기 위해서였다.

사실 공관에는 새해 사업 계획에 포함되지 않으면 이런 큰 행사의 예산을 마련하기가 불가능하다. 그래서 동포사회의 지도자들을 초대해 한미 동맹 70주년 기념으로 국기원 태권도 시범단이 휴스턴에서 한국 태권도의 힘과 아름다움을 펼쳐 보이는 데 휴스턴 동포사회가 하나가 되어 뜻깊은 기념행사를 성공적으로 치러 주길 요청했다. 다행히 이날 오찬에 참석한 지도자들은 총영사의 제안을 흔쾌히 수락하고 이 행사를 휴스턴 한인회, 체육회, 청우회, 재향군인회 그리고 민주평통협의회 등 모든 단체가 합동해서 준비위원회를 구성하고, 소요되는 예산을 모금해서 기념행사를 준비하기로 했다. 한미 동맹 70주년 기념을 위해 총영사가 요청하는 어떤 일이든 휴스턴 한인 커뮤니티의 지도자들이 뜻을 하나로 모아 협력하는 모습을 보면서 참으로 고마운 마음을 깊이 느끼며 총영사로서의 사명에 더욱 헌신할 것을 다짐했다.

국기원 태권도 시범단 공연으로 휴스턴 동포사회 단합된 역량 보여 줘

마침내 2023년 7월 9일(일) 오후 6시에 휴스턴 사이프레스 페어뱅크스(Cypress-Fairbanks) 교육청 전시 센터에서 한미 동맹 70주년 기념 국기원 태권도 시범단 공연이 성황리에 개최되었다. 이날 행사장엔 1,400명 수용이 가능했지만, 몰려오는 시민들의 발걸음을 되돌릴 수 없어 현지 경찰은 안전사고의 위험에 노출되지 않는 범위 내에서 400여 명을 더 수용해 총 1,800여 명이 입장해 공연을 관람하도록 허락했다. 그런데도 많은 시민이 아쉬움을 뒤로 남기고 발걸음을 돌렸다. 공관장으로서 매우 미안한 마음이 들었다.

이날 행사엔 휴스턴 한인회, 체육회 등 동포단체장들과 1,000여 명의 한인 동포들, 텍사스와 타주에서 참석한 몇몇 그랜드 마스터를 비롯한 많은 태권도 관장과 사범들, 그리고 쉴라 잭슨 리(Sheilla Jackson Lee) 연방 하원의원, 캐더린 호(Katherin Ho) 미국무부 OFM 휴스턴 지국장, 존 코닌(John Cornyn) 연방 상원 의원 지역 국장(Regional Director)과 텍사스 주의회 의원 및 휴스턴 시의원들, 휴스턴 시장 후보들 등 텍사스 정관계 인사들을 비롯해 휴스턴 시민 800여 명이 참석해 대성황을 이뤘으며, 국기 태권도에 대한 미국 시민들의 놀라운 관심과 호응을 느낄 수 있었다.

이동섭 국기원장은 시범 공연단 공연에 앞서 한미 동맹 70주년 기념 차원에서 존 코닌 연방 상원의원에게 명예 7단을, 그리고 쉴라 잭슨 리 연방 하원의원과 총영사에게 감사패를 수여했다. 물론 행사 전날 이동섭 원장은 관저 만찬에 초대받은 자리에서 나에게 국기 태권도 공공외교의 지평 확산에 노력한 공로로 태권도 명예 7단증과 도복을 수여해 감동의 시간을 연출하기도 했다. 이날 행사에서 쉴라 잭슨 리 연방 하원의원은 축사를 통해 한미 동맹 70주년의 의미를 되새기며 한국전 참전 베테랑들의 숭고한 정신을 상기시키면서 특별히 경의를 표했다. 이어 그는 **"지난 4월 윤석열 대통령의 국빈 방문을 계기로 한미관계가 한층 공공해졌음을 강조하고 한국은 미국에게 소중한 친구이며 한미관계는 변하지 않을 것"**이라고 강조했다.

국기원 태권도 시범단의 공연은 매우 환상적이었다. 시범단은 다양한 공연을 펼치면서 청중들의 환호와 감탄을 자아내는 연기로 휴스턴을 사로잡았다. 특히 공연을 마치면서 태극기와 성조기를 활짝 펼치는 피날레 장면은 현장에서 경험하는 최고의 감동이었다. 이번 행사는 휴스턴 한인회, 체육회 등 동포단체들이 총영사관과 합력해 한미 동맹 70주년을 기념하는 취지로 개최되어 더욱 의미가 깊었다.

또한 지난 3월 2일(토) 휴스턴 태권도 협회(회장 송철)는 1천 명 이상의 청중이 모인 가운데 '2024 총영사배 휴스턴 오픈 태권도 대회'를 개최해 성공적으로 대회를 치르고, 모든 수익금을 장애인 돕기에 기증했다. 휴스턴에서 K-태권도의 열기가 뜨겁다. 국기 태권도가 스포츠 공공외교에 선한 영향을 끼치고 있다. 공관과 동포사회가 K-태권도를 통해 스포츠 공공외교가 활성화되도록 하나가 되어야 한다. 이런 뜻깊은 행사를 준비하면서 재외공관은 서로 연대하며 화합하는 모습을 통해 동포사회의 자긍심을 높이고 동포사회의 건강한 성장을 도울 수 있어야 한다. 동포사회가 적극적으로 참여하고 협력함으로써 대한민국의 외교 지평을 확장하는 문화·스포츠 공공외교가 더욱 활성화되어야 한다.

▶관련 기사

연합뉴스, "美휴스턴서 한미 동맹 70주년 기념 국기원 시범단 공연,"(2023.7.11.)
코리안저널, "한미 동맹 70주년 기념 국기원 시범단 휴스턴 공연"(2023.7.13.)
한미저널, "'태권도의 꽃' 휴스턴에서 만개 공연장 못 들어온 관객들 '발 동동'"(2023.7.13.)

21

샌안토니오의 입맛을
사로잡은 김치와 김밥

미국에서 K-Culture 열기가 뜨겁다. 이미 오래전부터 K-pop, K-drama, K-movie 그리고 K-태권도의 인기는 계속 높아졌다. 이런 K-Culture 상승세를 기반으로 새롭게 인기를 끌고 있는 것이 K-food 이다. 이미 김치, 불고기, K-BBQ로 대표되는 한국 음식의 인기는 뉴욕, 로스엔젤레스, 시카고, 댈러스, 애틀랜타 등과 같이 한인이 많이 거주하는 미국 최대 도시들을 중심으로 매우 높았다. 특히 주말에 한국 음식점에 가면 현지인들이 불고기와 김치를 즐기는 모습을 쉽게 볼 수 있었다. 이런 분위기에 맞춰 미국 대도시 한인회에서는 거주 지역 주의회에 청원을 제출해 주의회가 '김치의 날'을 제정하도록 입법 로비 활동을 적극적으로 펼치기도 했다. 이런 흐름에 맞춰 작년 12월 6일 엔 캘리포니아 출신 한국계 연방 하원의원 영 김은 연방의회에 '김치의 날' 제정 촉구 결의안을 제출했다. 이런 모든 현상은 미국에서 K-food 의 영향이 얼마나 큰가를 짐작하게 한다.

휴스턴은 단일도시로서 인구가 280만 명이 넘는 미국 3대 도시 가운데 하나이지만 실제 한인의 수는 다른 대도시에 비해 매우 적다. 대체로 텍사스주는 댈러스-포트워스 광역시에 약 10만 명 정도의 한인이 있고, 휴스턴, 오스틴, 그리고 샌안토니오는 인구 규모에 비해 한인의 숫자는 적다. 그러나 이곳에서 K-food에 대한 인기는 어느 도시 못지않게 높다.

작년 11월 4일(토)에 샌안토니오 텍사스주립대학교 캠퍼스에서 제11회 김치 축제가 성대하게 열렸다. 이번 김치 축제는 샌안토니오 텍사스 주립대 공덕희 교수가 10년간 진행해 오던 것과는 달리 한미 동맹 70주년을 기념해 휴스턴 총영사관이 한국의 농식품 수출 확대를 위한 홍보 사업을 연계해 한국 식품과 관련된 다양한 행사로 준비했다. 이날 행사는 △한국 시품 전시 및 설명, △김치 만들기 시연,△한국 음식(김밥) 만들기 체험, △한국 식품(김치, 장류, 과자류, 김, 라면 등) 기념품 제공, △김치 및 한식 시식, △한국 전통놀이(제기 차기, 투호놀이, 윷놀이 등) 체험 등 다양한 프로그램으로 준비되었다.

김치 축제 오픈 행사를 마치고

　이날 행사에는 론 니렌버그(Ron Nirenberg) 샌안토니오 시장, 글렌 마르디네즈(Glenn Martinez) 텍사스 샌안토니오 주립대 학장 및 학과장과 공덕희 교수를 비롯한 주립대 교수들, 지역주민, 학생 등 1천여 명이 참석해 성황을 이뤘다.

　김치 축제를 시작하면서, 나는 축사를 통해, 한미 동맹 70주년을 계기로 한미 동맹은 안보 동맹에서 산업, 기술, 문화의 전 분야 동맹으로 확대되고, 샌안토니오 시민들의 한국 문화에 대한 사랑과 관심이 한미 양국의 파트너십을 더욱 강화하는 원동력이 되고 있다고 밝혔다. 특히 **"샌안토니오는 한국의 광주광역시와 40년간 자매 도시로서 친선·우호**

관계를 지속적으로 발전시켜 왔으며, 더욱이 올해는 한미 동맹 70주년이자 샌안토니오시와 광주광역시의 자매 도시 40주년을 기념하는 해여서 김치 축제와 한국 식품 홍보 행사가 샌안토니오시에서 개최된 것은 매우 의미 있는 일"이라고 말했다.

더욱 반가운 것은 이미 지난 2월에 샌안토니오시에서 두 도시의 40년 우정을 기리는 행사로 광주시향의 연주가 성황리에 열렸고, 다가오는 12월 6일 미 연방의회에서 표결 없이 결의안을 채택해 '김치의 날'제정을 촉구하는 결의안을 제출하는 등 이것은 한미 동맹 70주년의 의미를 더욱 뜻깊게 하고, 한국 문화의 글로벌 위상을 더욱 높이는 일이라고 강조하면서, "오늘 김치 축제에서 한국의 오랜 전통과 찬란한 문화의 매력을 경험하는 값진 시간이 되길 바란다"고 말했다. 이어 진행된 순서에서는 K-pop 커버댄스, 어린이 태권도 시범, 한국 전통무용 경연 등이 펼쳐져 많은 박수를 받았으며, 특히 샌안토니오의 김치 장인 두 분이 보여 준 김치 만들기 퍼포먼스는 현지인들의 환호와 열렬한 박수를 받아 김치 축제의 의미를 한층 더 높였다,

김치와 김밥 사랑에 빠진 샌안토니오 시민들

2023 김치 축제는 샌안토니오 텍사스 주립대학의 언어문화 단과대학 소속 공덕희 교수와 다른 한인 교수를 중심으로 한국어 수업을 듣는 학생 80여 명이 자발적으로 참여해 행사를 준비했고, 당일 행사에

서 많은 코너를 직접 운영하면서 코너에 대한 설명과 안내를 담당했다. 행사를 돕는 학생들은 우리 한인 2세들과 현지 학생들로서 특히 현지인 학생들은 한국어를 잘해서 자랑스러웠다.

자원봉사 학생들은 제기차기, 딱지치기, 투호놀이, 태극기 문양의 바람개비 만들기와 윷놀이 등 우리 전통놀이 중심으로 한국 문화를 체험할 수 있는 20가지 이상의 다양한 놀이와 체험 활동을 준비해 코너 참가자들이 재미있게 놀이를 즐길 수 있도록 진행했다. 또 다른 자원봉사자 학생들은 10여 가지 한국 음식이 진열된 K-food 코너에서 점심 식사를 위해 모여든 참가자들에게 친절하게 음식을 배식하는 봉사에 참여했는데, 나도 닭강정 코너에서 학생들과 함께 즐거운 마음으로 봉사했다. 이들 자원봉사 학생들이 아니었다면 1천 명 이상이 몰려든 행사장에서 많은 혼란을 겪었을 것이다. 한국어와 한국 문화 사랑에 흠뻑 취한 텍사스 샌안토니오 주립대학교 학생들에게 진심으로 감사의 마음을 전한다.

이번 행사에서 가장 인기가 높았던 코너는 '김밥 만들기 체험 학습'이었다. 나는 한국 음식을 소개하는 축제에서 최근 미국에서 유행하는 '냉동 김밥'의 인기를 활용해 즉석 김밥 만들기 체험 교실 운영을 제안했다. 우리 공관의 전속 요리사는 120명분의 김밥 재료를 준비해 강의실 안에 김밥 만들기 교실을 열어 한 번에 15명 정도가 자리에 앉아 준비된 재료들을 이용해 김밥을 만들어 직접 시식하도록 가르쳤다. 김밥 코너는 대박이었다. 강의실 앞에 수십 명이 줄을 서서 순서를 기다리고 있었다. 김밥 교실 안은 재미와 흥분으로 가득 찼다.

　내가 강의실 안에 들어가 보니 참가자들이 비닐위생장갑을 손에 끼고 요리사의 안내를 따라 김밥을 만드는 장면이 너무 신기했다. 김밥을 만들면서 옆 사람과 킥킥대며 웃는 사람들, 친구에게 잘못 만들었다고 가르쳐 주는 사람들, 그리고 자기가 만든 김밥을 먹으면서 신기해하는 사람들. 그야말로 김밥 교실은 행복 교실이었다. 내 눈으로 현지인들이 이렇게 한국 음식을 직접 만들면서 재미있어하고 맛있어하는 표정을 보면서 내 마음은 정말 행복했고, 한국 음식 하나가 문화의 차이를 넘어 문화 공감과 행복을 안겨다 준다는 것이 얼마나 감사하고 자랑스러운 일인지 공관장으로서 현장에서 직접 체험한 문화공공외교는 살아 있는 외교요 심방 외교만이 체험할 수 있는 현장 효과였다. 120명분의 김밥 재료는 2시간 만에 동이 났다. 김밥의 높은 인기를 실감했다. 밖에서 순서를 대기하다가 아쉬움을 남기고 발을 돌린 사람들도 많았다.

　나는 이번 행사를 통해 K-Culture 트렌드에 힘입어 K-food와 한국 식품에 대한 현지인들의 높은 관심을 확인하는 동시에 한국 문화와 한식을 결합한 홍보를 통해 한국 식품 인식 제고를 극대화하고 한국 식품의 수출 증대와 한국 식품 회사들의 텍사스 진출에 유익한 플랫폼을 만들어 도움을 주는 것이 중요함을 다시 확인했다. 2024년에는 휴스턴에서 우리 한인 2세들이 중심이 되어 준비해서 매년 수만 명이 찾아오는 '코리안 페스티벌'에서 더욱 큰 규모의 K-food 홍보를 준비하려고 한다.

▶관련 기사
YTN, "주민들과 함께 즐겨요" 미국 대학 캠퍼스 김치축제(2023. 11. 18.)

제4장

섬김의 종이 되어
동포사회 속으로

22

심방 가는 마음으로
동포들 만나기

총영사의 일차적 임무는 관할 지역 내 한인 동포들의 안전과 권익 향상을 위해 최선을 다해 섬기는 것이다. 또한 현지에 진출한 한국 기업들의 국익을 위한 활동에 적극적인 지원을 아끼지 않을 뿐만 아니라 기업의 애로 사항을 청취해 지원 방안을 찾는다. 마지막으로 총영사는 관할 지역의 현지인들을 대상으로 한국의 외교 및 통일정책, 대북정책과 한국 문화를 소개하는 정책·문화 공공외교를 위해 노력한다.

총영사의 임무로 한인 동포사회의 안전과 권익 향상을 위한 노력을 강조하는 것은 재외동포는 대한민국이 조국인 국민이기 때문이다. 국민의 생명과 안전 그리고 재산을 보호해야 하는 것은 헌법이 강조하는 국가(정부)의 당연한 임무이자 정부가 추진하는 모든 정책의 우선순위에 놓여 있듯이 정부 대표로 해외에 파견된 재외공관장은 관할 지역 내 동포들의 안전과 보호를 가장 우선순위로 놓음으로써 공관장의 책임을 다해야 한다.

나는 특임공관장으로 임명받은 후 휴스턴 총영사관의 관할 지역인 텍사스, 오클라호마, 아칸소, 루이지애나 그리고 미시시피 5개 주에서 활동하는 한인 동포들의 분포도를 조사하고, 각 지역의 한인회 구성 여부와 활동 등에 대해 기본적인 정보를 얻기 위해 노력했다. 다행히 과거 12년 동안 미국에서 공부하고, 목회하면서 교회와 한인사회를 중심으로 우리 동포들의 삶을 직접 돌아보고 그들의 애환을 함께 나누고 그들이 건강한 공동체의 구성원이 되도록 세밀하게 살피고 돌보았던 경험이 있어서 관할 지역의 한인 사회와 교회 등에 대해 유익한 정보를 구할 수 있었다.

2023년 1월 6일 휴스턴 총영사로 부임하자마자 다음 날에 나는 부총영사와 동포 담당 영사의 안내를 받아 휴스턴 한인회관을 방문했다. 그곳에 윤건치 한인회장, 박요한 민주평통협의회 회장, 이홍재 노인회장, 이상일 청우회 회장, 정태환 재향군인회 중남부 회장, 유유리 체육회 회장, 강문성 한인상공회의소 회장, 그리고 한인 2세 단체 KASH 자넷 홍 회장 등 휴스턴 한인 커뮤니티의 단체장들과 임원들을 비롯해 현지 동포 언론사 기자 등 25명 정도가 모였다. 윤건치 한인회장은 환영 인사를 통해 휴스턴 총영사가 부임과 동시에 가장 먼저 한인회관을 방문해 단체장들과 만나 인사를 하고 상견례를 한 것은 처음 있는 일이라며 반가운 마음을 표현했다. 나는 단체장들에게 재외공관장에게 가장 중요한 일은 동포사회를 돌보며 지원하고, 원활하게 소통하는 것이라고 말하면서 한인회관을 공식적으로 가장 먼저 방문하는 것은 너무 당연한 일이며, 앞으로 재임 기간 중 동포들과 자주 소통하며 친밀한 관계를 발전시켜 가겠다고 약속했다.

부임 한 달 후 휴스턴 현지 동포 언론사들로부터 인터뷰 요청을 받았다. 나는 과거에 국회에서 근무할 때 국회 출입 기자들과 자주 소통하고, 한나라당 상근 부대변인을 하면서 당 출입 기자들과 매일 소통하며 현안 이슈들에 대해 브리핑도 하고 직접 논평을 쓰기도 했었기 때문에 기자들과의 만남은 또 하나의 즐거움이었다. 그리고 수년 전 종편에서 패널로 활동하고, 개인적으로 인터넷 언론 편집인 및 발행인으로도 활동해서 언론과의 만남은 매우 친숙한 일이었다. 그리고 나는 부임 이후 매월 첫째 주 월요일에 동포 언론사와 간담회 형식의 인터뷰를 지금까지 하고 있다. 언론과의 정기적인 만남을 통해 정보를 공유하고 총영사의 활동 계획을 설명하고 질문과 답변을 주고받는 것은 정부의 정책과 공관 활동 홍보에 매우 유익하다.

샌안토니오 한인회 전·현직 회장단

아칸소주 한인회 주최 한미우호의 밤

"섬김의 리더십으로 공동선을 추구하겠다"

총영사 부임 후 신년 간담회 형식으로 첫 언론 인터뷰를 했다. 한 언론사는 인터뷰 머리기사를 "섬김의 리더십으로 공공선을 추구하겠다"라고 올리고 편집자 주에서 **"두세 사람만 모여도 총영사가 온다는 말이 조만간 나올 정도로 정영호 휴스턴 총영사는 부임한 지 한 달이 채 안 되었지만, 동포사회 거의 모든 행사와 모임들에 참석하고 있다. 그런 신임 총영사를 동포사회도 반기고 있는데, 소통의 부재는 동포사회가 늘 목말라했던 부분이기 때문이다."**라고 밝히면서 휴스턴 총영사가 부임과 동시에 동포사회와 적극적인 소통을 펼치고 있다는 사실을 먼저 강조했다.

사실 나는 정치든 외교든 그리고 내가 목회자로서든 모든 일은 '관계'를 중심으로 만들고 해결한다고 생각하고 살았다. 과거 국회에서 오랜 시간 국회의원 수석 보좌관과 국회부의장 비서실장으로 일을 할 때도 항상 사람과의 '관계'에 초점을 맞춰 크고 작은 소통을 통해 해답을 찾았다. 특히 늦은 나이에 인생의 진로를 바꿔 미국으로 건너와 신학대학원에서 공부한 후 목사 안수를 받고, 이민 목회를 할 때도 교회 성도들과의 '관계'를 소중하게 여겨 교회 안이든 밖이든 그들을 만나 삶의 어려움, 신앙생활의 문제, 그리고 자녀 교육 등 다양한 주제로 소통하고 함께 눈물로 기도하면서 작은 위로를 전하고 필요한 해답을 함께 찾았다. 나는 이것을 '심방 목회'라고 부른다.

'심방'이란 주로 교회에서 사용되는 용어로 담임 목사가 성도들의 가정을 방문해 그들의 삶을 살피고 돌보는 사역을 말한다. 이민 교회에서 '심방'은 매우 중요하다. 이민자의 삶은 사실 고달프다. 낯선 문화와 언어의 세계에 홀로 남겨진 채 고독과 방황, 그리고 갈등과 생존의 현실과 직접 부딪혀 싸워야 하고, 자녀들의 미래를 걱정하면서 하루하루 힘겹게 살아간다. 특히 이민 1세대들의 삶은 한마디로 전쟁이었다. 지금도 이민자의 삶 가운데서 외로움과 소외감, 그리고 정체성 등의 문제로 혼란을 겪는 사람들이 많다.

나 역시 미국에서 나 자신이 이민자이자 이민 목회자여서 이민자가 이민자를 위로하고 돌보는 생활을 통해 동포들의 다양한 삶의 모습과 눈물, 그리고 땀 냄새를 맡으며 살았다. '심방' 중심의 이민 목회 경험은 나의 삶에서 겸손과 배려, 그리고 섬김의 자세가 나 자신뿐만 아니라 공동체의 삶을 바꿀 수 있는 고귀한 가치라는 사실을 가르쳐 줬다.

나는 동포들을 만날 때 교회 담임목사가 성도의 가정을 '심방'하는 것과 같이 동포들을 '심방'하는 마음으로 만난다. 행사장을 가더라도 시작하기 10분 혹은 15분 전에 도착해 행사에 참석한 모든 사람을 만나 악수하고 허그하고 안부를 묻는다. 행사를 마치고 나올 때도 똑같이 한다. 그리고 크고 작은 모임에서 동포들의 목소리에 귀를 기울이며 그들의 눈높이에서 소통하려고 노력한다.

어떤 소통이든 먼저 경청하는 자세가 필요하다. 낮은 자세로 경청하면 소통도 낮은 자세에서 겸손하게 할 수 있다. 이것은 내가 총영사로서 동포사회를 섬기는 것이 나의 본분이라는 마음가짐에서 비롯된다. 그리고 동포들은 공관장과의 소통에 목이 말라 있다. 누군가를 찾아가서 돌보고 지켜 준다는 것, 그리고 경청하고 소통하는 것은 겸손과 배려에 기초한 섬김의 마음이 없이는 불가능하다. 나는 이것이 '심방 외교'라고 생각한다.

나의 '심방 외교' 때문이었을까. 총영사 취임 100일 기념 언론 인터뷰 기사에서 동포 언론사는 **"3개월을 3년처럼 뛰어다닌"** 정영호 휴스턴 총영사로 소개하면서, **"4월 15일 부임 100일째를 맞았던 정영호 휴스턴 총영사의 공식 활동 기록은 A4용지 9페이지 분량에 달한다. 단지 양의 문제가 아니라 열심의 흔적은 다시금 새로운 공관장 업무 계획 수립에 토대가 돼주고 있어 그 자체로서 가치가 있다"**라고 적었다.

기본적으로 정치나 외교에서 '밥'은 어떤 해답을 찾는 중요한 매개체가 된다. 나는 동포들과 식탁의 교제를 자주 한다. 공식적인 관저 오·만찬이든 다양한 개인적인 만남이든 식탁에서 따뜻한 정을 나누고 상호 관심사로 소통하면서 공감을 나누고, 견해를 좁히고 해답을 찾아간다면 '공동선'을 추구할 수 있다는 믿음을 갖고 있다. '심방 외교'는 바로 이런 목적을 추구한다. 섬김은 지도자가 공동체에 신뢰를 심어주는 최고의 태도(attitude)이다.

▶관련 기사
코리안저널, |신년 간담회 정영호 신임 총영사 - "섬김의 리더십으로 공동 선(善) 추구해 나가겠다"(2023.2.2.)
기독일보, "준비된 외교관 정영호 휴스턴 총영사 ①, ②"(2023.2.12./13.)
코리안저널, "'신생 에너지·바이오·우주'··· 미래 먹거리 동맹 중심축 휴스턴"(2023.4.20.)

23

엘파소 한인 동포들의
헌신과 자부심,
Korean War Veterans
Memorial Highway

엘파소(El Paso)는 텍사스주의 서남쪽 끝에 있는 도시이다. 엘파소의 이름은 "통로(the pass)"란 의미를 지니고 있으며, 엘파소는 리오그란데 강 연안 군사 도시로 멕시코 국경 접경지대에 있다. 이런 지역적 특성 때문에 엘파소는 멕시코와의 교역량 규모가 매우 크며, 주민 가운데 히스패닉이 차지하는 비중도 크다. 엘파소에 우리 한인들이 거주하기 시작한 것은 한국에 파병된 군인들과 결혼하여 미국에 들어온 여성들이 1960년대부터 이곳에 거주하기 시작하면서부터이다. 이후 한인들의 유입이 늘어나 1970년대 후반에 한인회가 결성되어 오늘에 이르기까지 건강하게 성장해 왔다. 현재 엘파소에는 한인들이 약 2천여 명 정도 거주하고 있으며, 엘파소 한인회를 중심으로 지역사회, 특히 주류사회에까지 선한 영향을 끼치고 있다.

한인 커뮤니티의 규모는 작지만 엘파소 한인회는 미국의 어느 대도시의 한인회도 해내지 못한 매우 뜻깊은 그리고 한미 동맹 70년사에 영원히 남을 업적을 이뤘다. 휴스턴 총영사 부임 후 한 달 만에 가장 먼저 뜻깊은 한미 동맹 70주년 기념행사에 참석한 지역이 엘파소였다. 엘파소 한인회(회장 박성양)는 이 지역의 텍사스 주의회 상원의원 케자르 블랑코(Cezar Blanco), 카를로스 리베라(Carlos Rivera) 참전 용사 단체장 및 피터 플로레스(Peter Flores) 한국전 베테랑협회장들과 함께 엘파소 지역을 통과하는 미국 고속도로 U.S.54의 일부 구간을 한국전 참전 용사 기념 도로(Korean War Veterans Memorial Highway)로 지정하는 법안을 주의회에 제출해 수년간 이를 성사시키기 위해 헌신을 다했다. 마침내 그들의 수고와 헌신으로 한국전 베테랑 기념도로 지정 법안이 통과되어(2021년 9월), 작년 2월 4일 뜻깊은 제막식을 엘파소 윈드햄 엘파소 에어포트 호텔(Wyndham El Paso Airport Hotel)에서 성대하게 거행되었다.

이날 기념도로 제막식 행사에는 한국전 베테랑들과 가족들 40여 명과 세자르 블랑코 주의회 상원 의원, 조 무디(Joe Moody) 텍사스 주 하원 의원, 카를로스 리베라 참전 용사 단체장, 리카르도 사마니에고 (Ricardo Samaniego) 엘파소 카운티장, 카를로스 레온(Carlos Leon) 엘파소 카운티 커미셔너, 엘파소 시의원 카산드라 에르난데스(Cassandra Hernandez) 등 엘파소 주류 사회 정치인들과 박성양 한인회장을 비롯한 한인 커뮤니티 주요 인사들 120명이 참석했다.

Korean War Veterans Memorial Highway 표지판 제막식

감동적인 Korean War Veterants Highway 제막식

총영사 부임 이후 한달 만에 한미 동맹 70주년을 기념해 개최된 매우 뜻깊은 행사에 참석하는 것이 영광스러웠다. 게다가 한국전 베테랑 기념도로 제막식이 관할 지역에서 열린다는 것이 의미가 있었고, 우리 엘파소 한인동포들이 너무 자랑스러웠기 때문에 조금은 흥분되었다. 이날 비록 서툰 영어로 축사를 했지만 불편한 몸을 이끌고 행사를 빛내 준 한국전 베테랑들과 가족들이 축사에 귀를 기울인 모습을 보면서 너무 감사했다.

이날 축사에서 나는 엘파소에서 한국전 베테랑 기념도로 제막식이 개최되도록 그동안 헌신적인 노력을 펼친 세자르 블랑코 주의회 상원의원과 엘파소 한인회에 깊은 감사를 드리고, **"한국의 자유와 민주주의를 위해 목숨을 걸고 지구 반 바퀴를 돌아 한국 전쟁에 참전한 용**

사들에게 깊은 사의를 표하며, 우리 한국인은 늘 가슴속에 베테랑들을 품고 그들의 이야기를 기억하며 지낼 것"이라고 말했다.

나는 윤석열 대통령과 바이든 대통령이 서울 정상회담을 통해 한미 동맹의 군건한 의지를 다지고, 민주주의, 경제 및 기술 분야에서 한미 양국의 주도적 역할을 반영하여 한미 동맹이 진화하고 확대되고 있음을 확인했다고 설명했다. 그리고 "한국전 베테랑들의 용기와 희생이 한미 동맹의 초석을 이루어 있어 지난 70년간 흔들림 없이 양국의 동맹 관계가 지켜질 수 있었으며, 오늘날 한국의 놀라운 경제 발전과 번영은 참전 용사들의 고귀한 희생 때문이라는 것을 늘 기억하고 있다"고 말했다. 이런 맥락에서 오늘 기념 도로로 지정된 고속 도로 구간을 지나가면서 많은 시민이 한국전 베테랑들을 기억할 것이며, 그분들의 유산은 영원히 남을 것이라고 강조했다.

한국전 베테랑 기념 도로 법안을 발의한 세자르 블랑코 주의회 상원 의원은 축사를 통해 "한국전은 '잊혀진 전쟁'이라고 불리기도 하지만, '잊혀진 전쟁'은 절대 있어서는 안 되며 엘파소는 한국의 자유를 위해 목숨을 버린 참전 용사들을 잊지 않을 것"이라고 밝혔다. 이어 그는 "한국전 베테랑 기념도로 제막식은 엘파소 지역사회, 한인 단체들과 휴스턴 총영사관의 훌륭한 파트너십을 보여 준 사례였다는 점에서 더욱 뜻깊게 여겨진다"고 말했다. 박성양 엘파소 한인회장은 "한국전 참전 용사들의 희생과 용기에 보답할 수 있게 되어 매우 기쁘며, 오늘 엘파소 한인회의 노력이 한미 동맹 70주년을 기념해 한미 동맹의 발전에 기여할 수 있게 되길 바란다"고 밝혔다.

그리고 카를로스 리베라 참전 용사 단체장은 **"한국전에서 목숨을 잃거나 포로가 되거나 실종된 용사들을 절대 잊어서는 안 될 것"**이라고 강조했다. 그는 한국전 베테랑 기념 도로가 지정되고 표지판이 3년 만에 설치되어 우리의 기억이 흐려지고 베테랑들도 더 이상 살아 계시지 않을 때에도 누구든지 그 도로를 지나가면서 한국전을 기억하게 될 것이라며 숙연한 분위기를 연출했다. 안타깝게도 이 행사의 주인공이 되어야 할 피터 플로레스 한국전 베테랑 협회장은 건강 문제로 참석하지 못했다. 무척 아쉬웠다.

이날 행사의 꽃은 U.S. 54 일부 구간에 설치될 'Korean War Veterans Memorial Highway'표지판을 공개하는 순서였다. 나와 세자르 블랑코 상원의원, 박성양 한인회장 그리고 휠체어를 탄 한국전 베테랑들과 엘파소 주류 정치인들이 함께 모여 표지판의 줄을 잡아당기자 거대한 크기의 기념 표지판이 멋진 모습을 드러냈다. 모두가 기쁨과 환호 그리고 눈물을 흘리면서 박수를 보내며 축하했다. 이날 서로 감격하며 축하하는 모습은 나의 가슴속에 오랫동안 감동적인 장면으로 남아 있을 것이다.

"우리 함께 갑시다(We go together)**!"**

행사 후 나는 그 자리에 참석한 많은 한국전 베테랑을 한분 한분 찾아가 인사를 드리고 악수를 청하며 그분들의 희생과 헌신에 감사를 드렸다. 물론 그분들과 함께 온 가족들과도 반갑고 고마운 인사를 나누었다. 그들을 바라보는 내 마음은 정말 뭉클했다. 내가 그들을 위해 무엇을 할 수 있으며, 무엇을 해야만 할까를 생각하는 귀한 순간이었다. 특히 어느 베테랑은 휠체어에 앉아 즐거운 마음으로 행사에 참석했는데, 그분은 4대가 함께 왔다. 이제 10살 정도 보이는 증손녀도 같이 왔다. 증손녀는 해맑은 표정으로 증조할아버지가 너무 자랑스럽다고 말했다. 우리는 그분들의 희생과 헌신 그리고 후손들의 자부심 때문에 지금 이곳에 있다. 오늘의 대한민국은, 아니, 내일의 대한민국도 이것을 잊어서는 안 될 것이다. 우리는 후손들과 함께 이 역사적 사실을 영원히 기억하며, 이 사실을 통해 얻는 진실과 진리를 위해 희생하며, 헌신하며, 한미 동맹의 미래에 이바지하며 살아야 할 것이다.

한미 동맹 70주년 기념행사로 텍사스에서 가장 먼저 개최된 엘파소의 한국전 베테랑 기념도로 제막식 행사로 고속 도로가 시원하게 뚫려 있듯, 한미 동맹의 미래는 더욱 굳건하게 펼쳐질 것이다. 양국의 동맹 강화 속도는 고속 도로를 달리는 속도 이상으로 빠르게 전진할 것이다. 행사를 마친 후 나와 세자르 블랑코 상원의원은 **"우리 함께 갑시다(We go together)!"** 플래카드 앞에서 기념 촬영을 했다. 한미 동맹은 미래로 전진하는 동맹이다.

▶관련 기사

동아일보, "美텍사스에 '한국 전쟁 참전 용사 기념도로' 생긴다"(2023.2.3.)

서울경제, "6·25 참전 용사 기념도로 텍사스에 생긴다"(2023.2.3.)

코리안저널, "엘파소에서 4일 '한국 전쟁 참전 용사 기념도로' 표지만 공식 제막식"(2023.2.9.)

24

휴스턴 동포사회를 하나로 만든
튀르키예 돕기 성금 모으기

　작년 2월 6일 새벽에 튀르키예 동남부 가지안테프에서 7.8 규모의 강진이 발생했다. 1차 강진 이후 규모 7.5의 2차 강진이 발생해 피해 규모는 더 커졌다. 강진 발생 후 2월 24일 현재 총사망자 수는 5만 명을 넘었고, 63만 명 이상의 이재민이 발생했다. 튀르키예 역사상 최악의 인명 피해였다. 세계 각국에서 튀르키예를 돕기 위해 다양한 구호 활동과 지원을 아끼지 않았다. 우리 정부는 외교부, 국방부, 소방청, KOICA로 구성된 118명 규모의 튀르키예 지진 피해 대응을 위한 대한민국 긴급 구호대(KDRT)를 작년 2월 7일 1차 파견했다. 튀르키예 지진 발생 하루 만에 우리 정부가 긴급구호대를 파견한 것은 역대 최단 시간 내 이뤄진 것이었다. 이후 우리 정부는 민관 합동으로 2차, 3차 구호대를 파견했고, 1,500만 불 규모의 인도적 지원을 아끼지 않았다.

　튀르키예 국민의 고통을 위로하기 위해 작년 2월 10일 튀르키예 휴스턴 총영사관에 조문을 다녀왔다. 나는 조속한 피해 복구와 튀르키에 국민을 위로하는 메시지를 전하고 돌아왔다. 조문을 다녀온 후 안타까운 마음을 금할 수 없었다. 튀르키예는 과거 한국 전쟁 당시 4번째로 많은 병력을 보낸 형제의 나라이다. 우리의 형제 국가가 엄청난 재난 앞에서 비통함에 빠져 있는데 그냥 바라만 보고 있을 수 없었다.

나는 휴스턴 동포사회를 중심으로 형제 국가 튀르키예를 도울 수 있는 방법을 고민했다. 우리가 현지 구호 활동에 직접 참여할 수 없는 상황에서 돕는 방법은 튀르키예 돕기 성금을 모금하는 것뿐이었다. 주일 오후에 동포 담당 영사에게 전화해 월요일 오찬에 시간이 가능한 동포사회 단체장들을 초대하라고 부탁했다. 급한 오찬 초대임에도 불구하고 윤건치 한인회장, 박요한 민주평통협의회장, 이홍재 노인회장, 이상일 청우회 회장, 강문성 상공회소 회장, 송미순 한인회 이사장, 헬렌 장 전 한인회장 그리고 정태환 재향군인회 회장 등 많은 분이 참석했다. 참으로 감사한 일이었다. 총영사가 이례적으로 하루 전날에 오찬 초대를 했으니 단체장들도 무슨 일인지 궁금했을 것이다. 그분들의 표정에 그대로 드러났다.

튀르키예 총영사관에 성금 전달

단체장들과 반가운 마음으로 인사를 나누고 식사를 주문한 후, 급하게 오찬 초대한 이유를 설명했다. 튀르키예에는 한국 전쟁 당시 우리의 자유를 수호하기 위해 군대를 파병하고 많은 희생자가 발생했던 참으로 고마운 나라이자 우리의 형제 국가라는 사실을 먼저 밝혔다. 며칠 전 튀르키예 국민을 위로하기 위해 튀르키예 총영사관에 가서 조문하고 메시지를 남기고 돌아온 후 마음의 안타까움이 떠나질 않아 그들을 도울 수 있는 길을 찾고자 해서 급하게 단체장들을 초대하게 되었다고 밝혔다. 그리고 나는 우리 휴스턴 동포사회가 중심이 되어 튀르키예 돕기 성금 모금 운동을 펼쳤으면 좋겠다고 말했다.

나의 말이 끝나기가 무섭게 윤건치 한인회장을 비롯해 모든 단체장이 한목소리로 총영사의 제안을 적극 수용했다. 그분들은 튀르키예의 재난에 안타까운 마음이 들었지만, 어떻게 도우면 좋을지 고민하고 있었다. 단체장들은 자신들도 고민하던 차에 총영사가 먼저 직접 나서 성금 모금 운동을 펼치자고 제안해 주시니 정말 고맙다고 말하면서 총영사가 직접 나섰으니 동포사회에도 큰 명분을 안겨 주는 일이라고 하면서 환영했다.

어깨띠를 두르고 튀르키예 돕기 모금 운동 펼쳐

휴스턴 한인회를 중심으로 튀르키예 돕기 모금 운동 방법을 논의하고 모금 기간과 장소, 그리고 자원봉사자 선정 등 모든 일이 일사천리로 진행되었다. 모금 활동은 2월 18일부터 28일까지 약 2주간 주로 주말에 휴스턴 한인회를 중심으로 이루어졌다. 주말에 한인들이 주로 거주하는 블레이락(Blalock)과 벨레어(Bellaire) 지역에 위치한 한인 마트 앞에서 동포단체 임원들과 회원들이 직접 현장에서 "**Support Turkye**", "**Help Turkye**"라고 적힌 어깨띠를 두르고 모금함 박스를 들고 다니면서 한인 마트를 방문하는 우리 동포들과 현지인들을 상대로 모금 운동을 적극적으로 펼쳤다. 나도 한인 마트 앞에서 어깨띠를 두르고 모금함 박스를 들고 다녔다.

튀르키예 돕기 모금 운동에 대한 반응이 너무 좋았다. 휴스턴 한인 동포들이 한인 마트 앞으로 직접 찾아와 성금 봉투를 넣었다. 한인 마트를 찾는 현지인들 가운데 튀르키에 동포들도 참여해 고마운 마음을 전하면서 자신의 조국 돕기 운동에 참여했다. 휴스턴 한인교회도 참여했다. 부모와 함께 마트를 찾은 현지 어린이는 1불을 들고 모금함에 넣으면서 기뻐했다. 튀르키에 돕기 모금 운동은 휴스턴 사회에서 거주하는 다민족 가운데 우리 한인들만 공개적으로 펼쳤다. 운동에 참여한 우리 동포들이 누군가를 돕는 일에 하나가 되는 순간을 경험했다.

휴스턴 동포사회를 중심으로 튀르키에 돕기 모금 운동이 전개되었다는 소식이 미중남부 5개 주 한인동포사회에 빠르게 전파되었다. 미주한인회총연합회 중남부협회(회장 김진이)와 아칸소주 식품협회(회장 이창헌)도 모금 운동에 참여했다. 모금 운동을 마감하고 늦은 시간에 휴스턴 한인회관에 봉사자들이 모여 모금액을 집계했다. 총 7만 5천6백4불이 모금되었다. 모두 놀랐다. 최초 목표액이 2만 불 정도였는데, 목표액의 3배를 훨씬 넘는 금액이 모금되었다. 휴스턴 동포사회 역사상 가장 많은 성금이 모였다. 이 금액은 튀르키에 돕기 성금 모금 관련해 재미한인회 가운데 가장 많은 액수였다. 휴스턴 한인회를 비롯해 단체장들은 튀르키에 성금 모금 운동을 통해 휴스턴 동포사회가 따뜻한 마음으로 '하나'가 되었다고 기뻐했다. 모두가 행복한 시간이었다.

작년 3월 8일 휴스턴 동포사회 단체장들과 함께 튀르키에 총영사관을 찾았다. 튀르키에 총영사 세하드 발리(Serhad Varli)와 부총영사 에빈 에써(Evin Ecer)가 우리 일행을 맞이했다. 우리는 총영사관 대회의실에 모여 성금 전달식을 가졌다. 윤건치 한인회장은 튀르키에 지진 피해에 대해 깊은 애도를 보낸다고 하면서, **"한인회에서 튀르키예에 주민회관을 방문하는 등 휴스턴 튀르키예 커뮤니티와 더 가까워지고 튀르키예에 감사를 표할 기회가 생겨 뜻깊었다"**고 소감을 밝혔다. 발리 튀르키예 총영사는 **"휴스턴 한인사회가 보여 준 따뜻한 마음은 튀르키예인들의 상처를 치유하는 데 많은 도움이 될 것"**이라고 하면서 한인사회의 모금 활동에 사의를 표했다. 이어 그는 지진 피해자들에 대한 구조가 있었던 후에는 무너진 지역을 재건하는 큰 과제가 남아 있는데, 이와 같은 성금이 많은 격려가 될 것이라고 고마움을 표했다.

튀르키예 돕기 모금 운동은 나의 제안에 동포사회가 적극 호응하여 이루어졌다. 나는 이런 일이 공관과 동포사회가 하나가 되어 펼칠 수 있음은 공관장이 평소에 동포사회와 크고 작은 소통을 통해 마음을 만져 주고 그들에게 한인으로서의 자긍심을 심어 주는 '심방 외교'에 최선을 다한 결과라고 생각한다. 특히, 모금 운동은 내가 공관장으로 부임한 지 불과 6주밖에 되지 않은 시점에서 시작되었다는 것은 공관장이 그만큼 최선을 다해 동포사회와 관계하고 소통했기 때문에 동포들이 따뜻한 마음으로 하나가 될 수 있었다고 생각한다. '심방'은 닫힌 마음을 열게 하는 섬김이다. 누구나 자신을 섬기는 사람을 거부하지 않는다. 동포는 공관장이 섬겨야 하는 대상이다. 공관장은 섬김을 받기 위해 부임한 것이 아니라 섬기기 위해 부임했다.

▶관련 기사

연합뉴스, "美휴스턴 등 동포들, 튀르키예 지진 피해 성금 1억 원 전달"(2023.3.9.)

코리안저널, "7만 5천여 불 구호성금 휴스턴 튀르키예 총영사관에 전달"(2023.3.10.)

코리안저널, "튀르키예 돕기 휴스턴 동포사회 '한마음 한뜻'"(2023.2.24.)

25

한국전 베테랑들을
15년간 사비로 섬겨온
뉴올리언스의 '마더(Mother)'

2023년은 한미 동맹 70주년의 해라 미국 전역에서 한인 동포사회와 재미공관에서 한국전 베테랑들을 기념하는 행사를 개최했다. 미국 중남부 5개 주 가운데서 한미 동맹 70주년 기념으로 한국전 베테랑들을 위로하고 기념하는 행사는 텍사스주의 휴스턴, 엘파소, 킬린, 아칸소주의 리틀록, 미시시피주의 잭슨, 그리고 루이지애나주의 뉴올리언스와 오클라호마주(심인수 회장)의 로턴 등에서 개최되었다.

나는 공관장으로서 킬린(윤정배 회장)과 잭슨을 제외한 다른 지역에서 열린 한국전 베테랑 행사에 참석했지만, 뉴올리언스에서 개최한 행사가 특별하게 느껴졌다. 물론 모든 도시의 행사가 특별하다. 그러나 유독 이곳의 베테랑 행사가 특별한 이유는 오랫동안 한 개인의 헌신과 섬김으로 한국전 베테랑 기념행사가 이어져 왔기 때문이다.

뉴올리언스에서는 매년 6월 25일에 한국전 베테랑 위로 행사가 열린다. 작년에는 한미 동맹 70주년 기념이라 과거보다 더 큰 규모로 행사를 치렀다. 나는 이날에 1박 2일 일정으로 뉴올리언스로 떠났다. 공항에 도착하자마자 행사가 열리는 뉴올리언스 향군 회관으로 향했다. 행사장에 도착해서 회관 안으로 들어가니 약 300여 명이 모였다. 한국전 베테랑들과 가족들, 뉴올리언스의 참전 용사들, 한인회와 한글 학교 등 여러 기관에서 한미 동맹 70주년 기념 한국전 베테랑 위로 행사에 참석했다.

사비로 15년간 베테랑들을 섬긴 김선화 회장

뉴올리언스의 베테랑 행사를 주관한 분이 김선화(Sun Kim) 회장이다. 김 회장은 50년 넘게 뉴올리언스에서 이민 생활을 했다. 그는 지난 15년 전부터 한국 전쟁에 참여한 베테랑들을 위한 위로 행사를 치렀다. 그는 이 행사를 15년간 치르면서 우리 정부로부터 단 1불도 지원을 받지 않았다. 남편(이기현 회장)과 함께 사업을 하면서 그해 남은 수익금 중 일부로 매년 6월 25일에 한국 전쟁의 영웅들과 그 가족들을 행사에 초대해 다양한 공연을 보여 주고, 한국 음식으로 푸짐한 저녁을 대접하고, 기념품을 증정했다.

한 사람이 사비를 들여서 15년간 한 해도 빠지지 않고(팬데믹 기간에는 규모를 줄여 외부에서 행사) 한국전 베테랑들을 초대해 행사를 했다는 사실이 나에겐 놀랍고 또한 너무 감사한 일이었다. 김 회장의 남편은 나에게 지난 수년간 총영사관에서 아무도 방문하지 않았으며, 게다가 총영사가 직접 참석한 것은 정말 오랜만의 일이라고 말했다. 그 말을 들으면서 사실 부끄러웠다. 정부로부터 단 1불도 지원을 받지 않고 사비로 행사를 치름에도 불구하고 관할 지역 공관에서 지난 수년간 무관심으로 일관했다는 것이 직무 유기로 느껴졌고, 총영사로서 자존심도 상하는 일이었다. 나는 이기현 회장에게 약속했다. 내가 이곳에 공관장으로 머무르고 있는 한 마지막 날까지 뉴올리언스에서 주관하는 한국전 베테랑 행사는 꼭 참석하겠다고.

나는 행사장 한가운데 준비된 한국 전쟁의 살아 있는 영웅들과 그 가족들을 만나기 위해 그들이 앉아 있는 테이블로 찾아갔다. 대부분 휠체어에 앉아 있거나 가족의 부축을 받으며 서 있는 영웅들을 만나 인사를 나누고, 감사의 마음을 전하고, 허그하고, 사진도 찍고, 총영사로서 할 수 있는 모든 감사의 행위를 표하는 데 나의 말과 몸의 행동을 아끼지 않았다. 그 가운데 인상에 남는 분들이 있다. 어느 미망인은 나를 사진이 진열된 곳으로 안내했다. 그곳엔 베테랑들과 미망인들이 가져온 젊은 군인들의 빛바랜 모습을 보여 주는 흑백 사진들과 액자가 전시되어 있었다. 나를 안내한 미망인은 세상을 먼저 떠난 남편이 한국 전쟁에 참전했던 빛바랜 사진들을 보여 주고 설명하면서 행복한 미소를 멈추지 않았다. 그는 **"남편이 이름도 모르는 나라에 가서 자유와 평화를 위해 공산주의에 맞서 싸웠던 용감한 청년이었다는 사실이 지금도 너무 자랑스럽다"**고 했다. 나는 그의 말을 들으면서 가슴이 뭉클했다. 그리고 미망인에게 한없이 감사한 마음을 전했다. 누가 우리의 자유를 위해 자신의 생명을 아낌없이 바쳤는가! 지금 우리가 누리는 자유는 바로 저들의 희생과 헌신 때문에 주어진 것이다. 우리 대한민국은 그들의 값진 희생과 헌신을 잊어서는 안 될 것이다.

뉴올리언스 베테랑들의 마더 김선화 회장

뉴올리언스에서 또 다른 행복한 기억을 안겨 준 베테랑이 있다. 지금 그분의 이름은 기억나지 않는다. 그는 93세의 고령이지만, 자신이 맡은 순서에서 앞으로 나와 허리를 반듯하게 세우고 마이크를 잡고 또렷한 목소리로 발언을 했다. 그는 자신이 참여했던 홍천 전투를 회고

했다. 그의 말이 조금 길어지자, 아들이 아버지를 모시러 나왔다. 그러자 살아 있는 영웅은 아들에게 호통을 치면서 다시 들어가라고 말했다. 그러면서 그는 자진의 아들에게 "General, you are a baby. I am a Korean War Veteran!"이라고 큰 소리로 외쳤다. 참석자들이 폭소를 터트렸다. 그런데 베테랑이 "baby"라고 부른 아들은 현역 장군으로, 공군 소장이었다.

뉴올리언스 행사 후 두 달 조금 지나 동포 담당 영사로부터 행정안전부에서 서훈 후보를 추천하라는 공문이 왔다는 보고를 받았다. 나는 영사에게 모든 분에게 공정한 기회를 줘서 서훈 심사 자료를 만들도록 지시하고, 이번 기회에 15년간 사비로 한국전 베테랑 행사를 치러온 김선화 회장도 기회를 주면 좋겠다고 제안했다. 이후 공관에서 동포사회의 지도자들을 중심으로 심사위원회를 열어 김 회장의 공로를 인정해 국민포장 후보로 단수 추천했다.

국민포장을 받은 김선화 회장, 세대를 이어 섬기고 싶어 해

작년 11월 13일 오전 11시에 제17회 세계한인의날 유공 정부 포상자로 루이지애나 참전 용사회 후원회 김선화 회장의 국민포장 전수식이 총영사관 회의실에서 있었다. 우리 정부는 750만 재외동포의 한민족 정체성을 정립하고 한민족으로서의 긍지와 자부심을 높이기 위해 2007년부터 매년 세계한인의날 기념식과 함께 재외동포들의 권익 신장과 동포사회에 공헌한 국내외 유공자에게 정부 포상을 수여하고 있다. 나는 이날 윤석열 대통령을 대신해 김선화 회장에게 국민포장 전수식을 하면서 **"한미 동맹 70주년 기념의 해에 휴스턴 총영사관 관할 지역에서 지난 15년간 한국전 베테랑들과 현지 재향군인들을 위해 헌신적인 봉사를 해 온 김선화 회장의 국민포장 수여가 자랑스럽다"**고 격려했다. 그리고 **"지난 6월 25일 한국 전쟁 73주년 기념 뉴올리언스 한국전 참전 용사 메모리얼 기념식에 300여 명이 모인 것을 보고 놀랐고, 15년 동안 섬김의 마음으로 참전 용사 가족들의 뒷바라지를 해 왔다는 사실에 큰 감동을 받았다"**고 밝히고, **"남편 이기현 전 뉴올리언스 한인회장과 가족들의 선한 영향력과 이런 섬김을 모두 사비로 충당하며 계속해 왔다는 사실은 우리 중남부 지역의 큰 자랑"**이라고 치하했다.

국민포장을 받은 김선화 회장은 수상 소감에서 **"과거 뉴올리언스의 참전 용사들과 가족들의 한국에 대한 인식이 다소 부정적이었던 것을 보고, 한국 사람들은 그들에게 감사하고 있다는 사실을 전하고 싶은 마음에서 그들과 교류를 시작했고, 시간이 흐르다 보니 이제 그분들은 다시 한국에 전쟁이 나도 변함없이 전쟁에 참여할 것이라고 말할 정도로 한국에 감사하고 있다"**고 밝혔다. 그러면서 김 회장은 남편과 함께 그들을 위한 보훈 행사는 세대를 이어 갈 것이라는 소망도 밝혔다.

아무도 돌보지 않았던 뉴올리언스의 한국전 베테랑들에게 작은 섬김으로 감동을 주고 대한민국이 그들을 잊지 않고 감사하고 있다는 마음을 전하는 일이 전혀 쉽지 않다. 누구도 선뜻 나서지 못했던 일이었지만, 김선화 회장은 먼저 손을 내밀어 그들의 마음을 보듬어 주었다. 그러기를 15년 동안, 마치 15일간 해 오듯 섬김의 삶을 실천했다. 너무나 눈이 부시는 섬김이다. 미국의 한인동포들은 한국전 베테랑들을 위한 섬김에 늘 최선을 다하고 있다. 한미 동맹 70년의 역사가 하루아침에 이뤄진 것이 아니다. 우리 재미동포들은 고달픈 이민 생활에 마음도 몸도 지쳐 있지만, 우리 대한민국의 자유를 위해 아낌없이 희생하고 헌신한 영웅들에게 감사한 마음을 전하고 그들을 돌보는 일에 헌신한다. 이것이 한미 동맹을 지키고 이끄는 힘이다.

▶관련 기사
코리안저널, "뉴올리언스 한국전 베테랑 메모리얼 기념식"(2023.6.30.)
코리안저널, "루이지애나 참전 용사후원회 김선화 회장 국민포장 전수식"(2023.11.16.)

26

한인 2세들의 땀의 결정체, '코리안 페스티벌'

휴스턴 한인 동포사회에 한인 1.5세와 2세가 중심이 되어 만든 단체가 있다. 이 단체의 이름은 KASH(회장 자넷 홍, **Korean American Society Of Houston**)이며, 여기엔 우리 한인 차세대들뿐만 아니라 한국 문화를 좋아하는 휴스턴 현지인들도 포함되어 있다. KASH는 2008년 재미 한인과 같은 생각을 가진 젊은 전문가들이 뜻을 모아 설립한 단체로서 한국 문화를 홍보하고 한인 차세대 리더들을 양성하며, 나아가 한인사회와 휴스턴 대중 사이의 폭넓은 교류를 추진하는 것을 목적으로 하고 있다.

KASH는 단체 설립 후 오늘에 이르기까지 휴스턴에서 좋은 차세대 리더십을 배출해 그들은 다양한 분야에서 한인 리더들의 역량을 과시하고 한인 동포사회에서의 봉사활동과 휴스턴 주류 사회와 폭넓은 네트워크를 형성해 좋은 평판을 받으면서 한인 차세대 리더십의 미래를 열어 가고 있다.

KASH는 단체 설립 이후 지금까지 14회에 걸쳐 휴스턴에서 '코리안 페스티벌(Korean Festival)'을 개최했다. 이 단체는 매년 10월에 휴스턴 다운타운 내 디스커버리 그린 파크(Discovery Green Park)에서 한국 문화 홍보 행사를 활발하게 펼치고 있다. 디스커버리 그린 공원은 서울의 한강 공원과 같이 휴스턴 시민들이 즐겨 찾는 도심 공원으로 쾌적한 환경을 자랑한다.

　　작년 10월 7일에 코리안 페스티벌이 열렸다. 이번 행사는 미국 내 종합 유통업체 2위인 크로거(Kroger)와 한국의 하이트 진로 등 여러 기업들의 후원에 힘입어 지난해보다 더 큰 규모로 열렸다. 대기업들은 직접 부스를 운영하면서 룰렛 돌리기, 시음 코너 운영 등 이벤트와 회사 홍보에도 적극적이었다. 이날 행사에는 한인 동포들과 휴스턴 시민들 등 무려 5만 명 이상이 참석해 한국 문화에 대한 휴스턴 시민들의 관심이 매우 크다는 것을 알 수 있었다.

코리안 페스티벌을 이끈 KASH 주역들

페스티벌에서 큰 인기를 얻은 한복 패션쇼

나는 2023 코리안 페스티벌에 처음 참석했다. 개막식 축사를 통해 코리안 페스티벌 개최를 축하하고 14회째 행사를 준비한 우리 한인 차세대 리더들의 헌신과 봉사에 깊은 감사를 표했다. 이어 K-pop, K-drama, K-food 등 오늘날 한국 문화가 글로벌 차원에서 사랑을 받고 있으며, 세계 도처에서 태권도와 한국어를 배우는 열풍이 불고 있는데, 이런 현상은 대한민국의 국제적 위상이 얼마나 크고 중요한 것인가를 보여 주는 것이라고 강조했다.

특히 **"대한민국은 한국 전쟁으로 폐허의 잿더미에 처해 있었지만, 한미 동맹의 힘으로 눈부신 경제 성장을 이룩해 세계 경제 10위 이자 세계 군사력 6위 국가로 반듯하게 성장하였으며, 나아가 인류의 보편적 가치와 국제 규범을 준수하면서 자유, 평화, 번영의 국제 연대를 이끄는 글로벌 중추 국가로 우뚝 섰다"**고 선포했다. 그리고 **"한미 동맹 강화에 힘입어 한국과 텍사스 간 협력도 더욱 강화되어 2022년 말 현재 한국은 텍사스의 제4위 교역 국가로 자리매김했으며, 특히 휴스턴은 에너지를 중심으로, 오스틴과 테일러는 반도체를 중심으로 글로벌 공급망의 중심지가 되었다"**고 강조하면서 **"휴스턴은 향후 에너지, 바이오, 우주 개발 등 핵심 분야를 중심으로 한미경제·안보와 기술 동맹에 큰 기여를 할 것"**이라고 말했다.

한국 문화에 스며든 휴스턴 시민들

우리 한인 차세대 리더들이 준비한 2023 코리안 페스티벌에서는 한국의 미와 멋 그리고 K-pop 등을 홍보하고 한미 동맹 사진전, 한식 체험, 한복 입기 및 전통놀이 체험 그리고 태권도 시범과 장학금을 지급하는 순서 등 다채로운 프로그램이 공개되었다. 한국의 미를 알리는 한복 패션쇼는 김경선 휴스턴 문화원장을 중심으로 휴스턴 한인 동포들이 직접 모델이 되어 왕과 왕비의 대례복, 궁중 한복, 기생 한복, 무사복 등 다양한 종류의 한복을 입고 한복의 아름다움과 색감, 자태를 선보였고, 특히 한국 무용을 전공한 교민은 워킹뿐만 아니라 우아한 춤사위로 관객들의 시선을 끌었다. 한복 패션쇼는 휴스턴 시민들의 환호와 박수를 받으며 가장 한국적인 미와 멋을 자랑하고 환상적인 무대를 연출했다.

이날 행사 중 눈길을 끈 것은 장학금 수여식이었다. KASH는 지난해에 이어 이번 행사에서도 2회째 차세대 리더 양성 차원에서 소정의 장학금을 수여하는 순서를 준비했다. 이번에는 여러 업체들의 후원으로 6명의 학생에게 1만 2천 불의 장학금을 지급했다. 특히 코로거는 전년도에 장학금 수여에 참여했다가 엄청난 인파가 몰려든 것을 보고 이번에는 공식 타이틀 스폰서가 되어 장학금과 각종 후원을 아끼지 않았다. 크로거는 일반 장학금 외에도 특별히 크로거 매장에서 구입한 식재료(40불 미만)를 활용하여 간단한 한식 요리 레시피 영상을 만든 참가자 상위 3명에게 각 3천 불씩 장학금을 전달하는 성의를 보여 주었다.

한미 동맹 사진전은 휴스턴 총영사관, 민주평통 휴스턴협의회(회장 김형선), 그리고 국기기록원이 공동으로 한미 동맹 70주년 기념으로 양국의 동맹의 역사를 보여 주는 사진 30여 점을 전시해 그린 공원 방문객들의 큰 호응을 얻었다. 한국 음식 체험 코너는 발 디딜 틈이 없을 정도로 방문객들이 공원 한가운데를 가로질러 줄을 서서 자신의 순서를 기다렸다. 김치, 김치전, 김치 치즈프라이, 불고기타코, 한국식 치킨윙 등 전통과 퓨전의 조화로 휴스턴 시민들의 큰 사랑을 받았고, K-food에 대한 휴스턴 시민들의 관심이 매우 높아 현지 공관장으로서 매우 뿌듯했다.

한편, K-pop, K-pop 커버 댄스, K-pop 디제잉 등이 펼쳐진 공간에는 수백 명의 젊은이가 모여 음악에 맞춰 춤을 추고 노래를 부르며 최고의 분위기를 연출했다. 휴스턴 젊은이들의 열기는 코리안 페스티벌의 피날레를 장식한 K-pop 싱어송라이터 준(June)의 공연으로 이어져 디스커버리 그린 공원의 깊은 밤은 K-pop으로 스며들었다.

KASH가 매우 자랑스럽다. 이날 행사에 연인원 5만여 명이 다녀갔다. 정부가 주최하는 행사에도 이런 인파가 모이지 않는다. 대한민국 정부가 할 수 없는 일을 휴스턴 한인 2세들이 해냈다. 한인 2세들은 아주 어린 시절에 이민 오거나 현지에서 태어난 코리안 아메리칸이다. 그들은 성장 과정에서 미국인과 한국인 사이에서 오랜 시간 정체성의 혼란을 겪으면서 살았다. 미국에 살면서 영어를 배우고 한국어를 배우고, 피부와 인종이 다른 문화 속에서 부모님의 나라에 대한 경험을 조금씩 하면서 한국을 이해하게 되었다. 대한민국의 경제성장과 삼성, 현대, 엘지, SK 등 대기업들이 미국에 진출해 가전제품과 자동차, 그리고 반도체 등 여러 분야에서 한국 제품의 우수성을 경험하고, K-pop, K-food, K-drama, K-태권도 등의 열풍으로 한국인 2세로서의 정체성을 확인하면서 그들은 미국에서 한국 문화를 홍보하고 확산하는 '문화 선교사'가 되었다. 참으로 자랑스러운 한인 차세대들이다.

나는 지난 12월에 KASH 임원진들을 저녁 식사에 초대해 코리안 페스티벌을 성공적으로 개최한 것에 대해 감사하고 격려를 아끼지 않았다. 2024 코리안 페스티벌은 더 성대하게 하자고 제안했다. 이 행사에 한국의 유명 연예인을 초청하는 것을 적극적으로 돕겠다고 약속했다. 더 많은 한인동포들이 차세대 리더들이 준비하는 자랑스러운 페스티벌에 참여하도록 지원하겠다고 약속했다. 휴스턴 총영사로 일하는 것이 자랑스럽다.

▶관련 기사
코리안저널, "2023 코리안 페스티벌 '퍼펙트 페스트'" (2023.10.12.)
한미저널, "2세들 고군분투·1세들 협조 절실, 내년에는 1세들도 적극 참여해야" (2023.10.12.)

27

심방 외교로 차세대 리더십의
'브릿지(Bridge)'가 되어

제외공관장이 관심을 갖고 현지에서 추진하는 많은 사업 가운데 한인동포사회의 미래를 준비하는 일로서 현지 차세대 리더들을 만나 대화를 나누고 포럼을 개최하고, 그들의 역량을 강화할 다양한 분야의 네트워킹을 하는 작업은 매우 중요하다. 리더십에 관한 몇 권의 저서를 출판하고 강의를 했던 나로서 휴스턴 총영사 부임 이후 가장 관심을 갖고 지원했던 사업 가운데 하나가 관할 지역의 차세대 리더들의 성장을 돕고 주류 사회에서 선한 영향을 끼치도록 지원하는 일이었다.

차세대 리더십 개발 지원은 휴스턴, 오스틴, 오클라호마 등을 중심으로 펼쳤다. 휴스턴은 에너지, 의료·바이오, 우주 개발 등 다양한 전문 분야에 종사하는 한인 차세대 리더들이 많다. 그래서 이곳에는 재미한인오일가스엔지니어협회, 재미한인의사협회 텍사스 지회, 그리고 재미한인과학 기술자협회 등 미국 차원에서 협회가 구성된 전문가 집단들이 다양하게 포진되어 있다. 그럴 뿐만 아니라 UT오스틴, Texas

A&M, 라이스대학, 그리고 휴스턴 대학 등 텍사스 유명 대학에서 컴퓨터 엔지니어링, 케미칼 엔지니어링, 미케니칼 엔지니어링 등 여러 분야에서 석·박사 과정에 재학 중인 학생들 등 많은 전문 인력과 예비 인력이 한국인의 우수성을 보여 주며 적극적인 활동을 펼치고 있다.

지난해 다양한 차세대 리더십 포럼 및 네트워킹 구축 행사를 했다. 현지에서 미래를 준비하고 있는 한인 2세들과 유학생들을 위한 Korean-American Next Generation Social, 한인입양인 문화 풀뿌리 축제, 오스틴 한인회 차세대 리더십 포럼, 오클라호마 Young Professional Forum 그리고 차세대들을 위한 새로운 브릿지 행사인 차세대 리더십 세미나, Korean-American Young Professional Forum 등이 그것이다.

나는 차세대 리더십 개발을 위한 행사에 참여하면 한인 1.5세와 2세들에게 고마운 마음을 전한다. 그들은 자신의 의지와는 전혀 관계없이 부모를 따라 언어와 문화 그리고 피부색이 다른 나라에 이민을 와서 정체성의 혼란과 성장의 어려움을 겪으면서 미국 주류 사회에 진출해 한인의 우수성을 보여 주고 있어 그들에게 아낌없는 박수와 격려를 보낸다. 그러면서 부모 세대의 헌신으로 전쟁의 폐허에서 일어나 눈부신 경제 성장을 이루고 과거 미국의 원조를 받던 나라에서 이제는 미국을 돕고 저개발 국가들을 도울 수 있는 나라가 되었다는 사실을 알려 주고, 그들이 이런 대한민국의 혈통을 가지고 있는 것에 자신감을 가져야 할 것을 강조한다.

특히 차세대 리더들은 우리 한인동포들의 권익 신장을 위해 적극적으로 지역 정치 및 연방 정치에 관심을 가지고 투표에 참여하고, 한인 2세 정치인들을 양성하는 문제에 대해서도 깊은 관심을 가져 줄 것을 요청한다. 이를 위해 우리 한인 2세들은 그들의 전문성과 언어 능력을 적극 활용해 유권자 운동에도 참여해 한인동포들의 조직화된 의견을 표출해 봉사와 이익의 정치 실현을 위해 노력해 줄 것을 당부한다.

가슴 뭉클했던 한인 입양인 풀뿌리 축제

지난해 보람을 느꼈던 행사는 한인 입양인 문화 풀뿌리 축제였다. 이 행사는 9월 8일 휴스턴에서 민간 한인문화단체(한나래)가 주관하여 처음으로 입양인을 대상으로 개최한 것으로서, 미연방 하원 의원 알 그린(Al Green)도 참석해 현지 입양인에 관한 관심을 보여 주었다. 행사를 주관한 한나래 무용단(허현숙 단장)은 입양인들이 한국 전통문화를 체험하도록 다양한 공연을 준비해 행사를 치렀다.

한국 정부 통계에 따르면 1953년 이후 미국에 입양된 한인은 20만 명 정도다. 나는 휴스턴의 한인 입양인들을 만나 입양인이라는 어려운 여건 속에서 한국인의 정체성을 잃지 않고 주류 사회의 일원으로 성장한 여러분이 자랑스럽다고 말하면서 눈시울이 뜨거워지는 순간을 경험했다. 사실 그들은 버려진 삶에서 부모의 얼굴도 모른 채 낯선 미국에서 온갖 차별을 받으며 살았다. 게다가 일부 입양아들은 성인이 되고서도 시민권을 얻지 못해 정당한 시민의 권리를 행사하지 못하고 있다. 나는 그들에게 **"여러분을 미국으로 보냈던 가난한 나라 대한민국은 이제 세계 10대 경제 대국이자 문화 강국으로 자리 잡았으니, 여러분의 든든한 버팀목이 될 것"**이라고 강조했다. 그들도 우리의 자랑스러운 동포이며, 우리가 지속적인 관심을 갖고 그들의 권익을 위해 섬겨야 한다.

작년 9월 2일에 오스틴 한인회 주최로 뜻깊은 포럼이 개최되었다. 차세대 리더십 포럼이 그것이다. 이 포럼은 오스틴 한인회가 20여 명의 한인 2세들, 대학생 및 고등학생들을 대상으로 장학금을 수여하는 순서도 가졌는데, 타주에서 온 분들을 포함해 우리 한인 동포사회의 지도자들이 약 150명이 참석해 성황을 이뤘다. 오스틴 한인회(이희경 회장)에서 이 포럼을 위해 나에게 특별 강연을 요청해 기쁜 마음으로 참석했다.

오스틴의 한인 2세들을 위한 강연의 제목은 '한미 동맹과 차세대 리더십'이었다. 나는 이 강연을 통해 미국과 같은 다인종 다민족 사회에서 다양한 문화의 차이를 이해하고 수용하는 것보다 더 중요한 것은 '정체성의 뿌리'를 찾는 것이라는 사실을 강조했다. 그리고 이 문제를 알렉스 헤일리의 소설 『뿌리』와 이민진 작가의 소설 『파친코』를 소개하면서 **"민족의 정체성을 인식하고 자신의 뿌리를 찾아가는 노력은 머지않은 미래에 자신의 뿌리인 민족 공동체를 위해 어떻게 기여할 수 있는지에 대한 고민으로 발전하게 된다"**고 말했다. 이후 한국인의 120

명 이민의 역사, 한국인의 정체성을 발견하는 코리안 아메리칸의 눈물겨운 노력, 그리고 한미 동맹의 미래에서 차세대는 어떤 비전과 희망을 품고 살아가는 것이 바람직한가를 설명했다. 나는 마지막으로 "**한인 특유의 성실함을 바탕으로 자신감을 가지고 당당하게 한인으로서의 정체성을 확립하고 새로운 비전을 펼쳐 가면 우리 한인 차세대들이 한미 동맹의 미래를 이끌어 가는 주역이 될 것**"이라고 강조했다.

차세대 리더들과 한국 기업들을 연결하는 브릿지 행사 후

심방 외교로 차세대 리더들의 브릿지가 되어

차세대들을 위한 새로운 브릿지 행사인 차세대 리더십 세미나는 매우 현실적인 행사였다. 우리 휴스턴 총영사관은 매년 재미한인오

일·가스엔지니어링협회(KOEA), 재미한인과학 기술자협회 텍사스 지회 (KSEATexas)와 공동으로 텍사스의 유명 대학에서 컴퓨터 엔지니어링 (Computer Engineering), 케미컬 엔지니어링(Chemical Engineering), 그리고 메캐니컬 엔지니어링(Mechanical Engineering) 석·박사 과정에 재학 중인 학생들을 초대해 양 협회와 상호 호혜적인 네트워크를 구축해 차세대 한인 리더들에게 학업 후 현지 기업 취업의 기회를 제공하고 텍사스주 중심의 한인 과학 기술인 리더 양성을 통한 한미 과학 기술 교류의 미래를 확장하는 데 노력을 기울이고 있다. 작년에는 80여 명의 유학생 및 한인 2세들이 참석해 성황을 이뤘으며, 이번 행사에는 삼성반도체, 삼성엔지니어링, 현대, SK, 포스코, 롯데케미컬(USA), 그리고 한국석유 공사 등이 참석해 기업 설명회 및 취업 인터뷰 기회를 제공해 참석한 차세대 리더들에게 희망을 심어 주었다.

나는 이 행사 축사를 통해 신냉전 질서 블록화가 급격하게 진행되고 있는 글로벌 환경에서 공급망 질서 재편의 경제·안보가 매우 중요한 지금의 시대가 험한 세상임을 노래 가사로 비유하면서 한인 과학 기술인 두뇌들의 네트워크 강화로 선배들이 후배들의 다리가 되어 텍사스주에서 경제·안보와 과학 기술 교류 확장을 통한 국익 창출에 기여하고 한미 동맹의 새로운 미래를 여는 주인공이 되어야 할 것을 강조하고 격려했다. 이날 행사에는 손용호 재미한인과학 기술인협회 회장, 한국에서 초대받은 이영웅 삼성전자 부사장(MIT 박사)이 참석해 후배들에게 유익한 강연을 했다.

미국에서 차세대 리더십 개발과 네트워킹은 재외공관장이 많은 시간을 할애하면서 사업을 다양하게 펼쳐 가야 할 중요한 분야이다. 한인 2세와 현지 유학생들이 상호 협력할 수 있는 관계를 맺어 주고, 한인 2세들이 선조들의 조국 대한민국에 대한 자부심과 Korean-American으로서의 정체성을 확립하고, 그들이 주류 사회에서 건강한 리더로 성장하도록 관심을 갖고 격려하고 지원하는 노력은 한미 동맹의 미래를 위해 매우 중요하다.

또한 대한민국 정부와 그들 사이의 가교 역할을 하고, 한국의 차세대 리더들과 활발한 소통과 교류의 기회를 확장하는 것은 재외공관장이 한미 동맹의 미래의 브릿지가 되어 주는 것이기에 결코 소홀히 할 수 없는 일들이다. 그들을 찾아가서 관심을 기울이고, 소통을 나누고, 작은 정성을 베풀고, 돌봄으로 미래의 소중한 꿈을 함께 나누는 일이 '심방 외교'이다. 한인 2세들이 비전과 희망, 그리고 꿈을 키우도록 환경을 구축하는 노력은 아무리 강조해도 지나치지 않다.

▶관련 기사
코리안저널, "2023 KSEA/KOEA 영 제너레이션 포럼 성료"(2023.9.1.)
코리안저널, "총영사관, 2023 영 프로페셔널 포럼 개최"(2023.11.22.)

28

미주 한인 120년의 역사가 만든
세계한인비지니스대회

미주한인상공회의소 총연합회(이하 미주한상총연)가 작년에 창립 43주년을 맞이했다. 미주한상총연은 뜻깊은 창립 43주년이 되는 해에 제21차 세계한인비지니스 대회를 재외동포청(이기철 청장) 후원으로 2023년 10월 11일부터 14일까지 4일간 미국 캘리포니아주 오렌지 카운티에서 성대하게 개최하였다. 세계한인비지니스대회는 이전의 세계한상대회로 한인의 미주 이민 120주년, 한미 동맹 70주년 기념으로 해외에서 최초로 개최되는 것을 기념해서 '세계한인비지니스 대회(World Korean Business Convention)'로 명칭을 변경했다. 이 대회는 대회장 하기환 한남체인 회장, 명예대회장 김기문 중소기업중앙회 회장, 조직위원장 황병구 전 미주한상총연 총회장과 이경철 미주한상총연 총회장을 비롯해 미주한상총연 임원들과 오렌지카운티 상공회의소 회원들이 중심이 되어 미주한인상공인들의 국제적 위상을 높이고, 한국 제품의 우수성을 미국 시장에 대대적으로 홍보했다.

세계한인비지니스대회가 그동안 한국에서만 개최되었다가 처음으로 해외에서 열리게 되어 미주한상총연은 황병구 조직위원장의 리더십을 중심으로 2년 전부터 행사 기획 로드맵을 따라 임원들이 개인 사업을 뒤로 미룬 채 대회 준비에 헌신적인 노력을 기울였다. 미주한상총연은 이 대회를 통해 기업 투자 확대, 일자리 창출, 중소·벤처기업 육성 등 정부 4대 경제정책을 적극 반영 하는 데 노력을 기울였고, 유망한 창업 아이템을 보유하고 있는 국내 중소기업, 스타트업 등의 미국 시장 진출 지원, 나아가 세계 한상과 현지 경제인의 비즈니스 네트워킹 지원 등 중소상공인들의 경제 활동을 돕는 실질적 대회를 준비하는 데 큰 노력을 기울였다. 이번 대회에는 한국에서 이기철 재외동포청장, 유정복 인천시장, 이철규 경북도지사, 김관영 전북도지사 등 정부 및 지방자치단체장들과 중소기업중앙회 김기문 회장을 비롯해 많은 경제단체 인사들이 참석해 대회를 빛내 주었다.

『총연 40년사』 출판 기념회 축사

한국과 미국의 통상 관계는 1882년 조미수호통상조약의 체결로 시작되었다. 통상 교류의 시작은 당연히 미국 내 이민사회의 형성에 직접적인 영향을 끼쳤으며, 첫 이민선 갤릭호가 하와이에 도착한 것은 1903년 1월 13일이다. 이날은 한인의 미국 이민의 역사의 첫날이 되었다. 초기 이민의 역사에서 우리 선조들이 겪은 고초는 이루 말할 수 없었다. 하와이 사탕수수 농장에서 시작한 이민자의 고된 삶은 미국 본토의 철도 공사장, 광산 그리고 여러 지역의 농장에서 힘든 노동의 삶으로 이어졌다. 낯선 땅에서 고된 노동을 통해 이민자들은 조금씩 돈을 모으기 시작했고, 오랜 시간을 통해 이민사회의 규모가 점점 더 커지면서 대형 농장을 경영하거나 공장을 운영하는 등 사업가로 변신하면서 이민사회에서 성공하는 이민자들이 나타나기 시작했다.

1967년 린든 존슨 대통령이 비유럽인들에게 이민 문호를 개방하면서 한국에서 소규모 유학생 중심의 이민에서 다양한 직업군의 이민자들과 투자자들 그리고 미군과 결혼한 한인 여성들과 전쟁 고아를 비롯해 많은 유학생들이 미국으로 건너와 자리를 잡으면서 한인 1세대와 2세들의 삶이 형성되었다. 이 과정에서 70년대 한국 정부의 수출주도정책에 힘입어 새로운 사업을 시작한 한인 이민자들이 늘어나면서 미주한인상공인들의 규모는 뉴욕, 로스엔젤레스, 시카고 등 대도시를 중심으로 확장되어 상공회의소가 설립되어 활동하던 중, 마침내 1980년 처음으로 미주한인상공회의소총연합회가 창립되어 오늘에 이르렀다. 미주한인 120년 역사의 땀과 눈물 그리고 희생이 오늘의 미주한상총연을 만든 것이다.

내가 황병구 미주한상총연 회장을 처음 만났을 때가 2022년 2월 어느 날이었다. 당시 황병구 회장은 세계한인비지니스 대회를 준비하기 위해 한국과 미국을 오가는 과정이었다. 추운 겨울날 저녁에 강남의 한 식당에서 만나 저녁을 함께 나누면서 나는 세계한인비지니스대회가 최초로 해외에서 열리기에 성공적인 대회가 되도록 마음을 합쳐 작은 힘이라도 보탬이 된다면 적극적으로 돕겠다고 약속했다. 이후 우리는 여러 형태의 소통을 통해 교제를 나누면서 우의를 다졌고, 내가 휴스턴 총영사로 부임한 이후에는 더 적극적으로 대회의 성공을 위해 기도하고 협력할 수 있는 일이라면 최선을 다해 도우려고 했다.

대회 개막식 날 조찬 모임 형식으로 미주한인상공회의소 40년의 역사를 담은 『총연 40년사』 출판 기념회가 개최되었다. 황병구 조직위원장은 나에게 축사를 요청했다. 나는 축사를 통해, **"이번 세계한인비지니스대회에서 미주한상총연의 40년 역사를 통해 축적된 역량이 국제적으로 과시되고, 미주한상총연이 미국으로 진출하고자 하는 한국의 중소기업들이 성공적으로 사업의 뿌리를 내릴 수 있도록 적극적으로 지도하고 지원하는 역할을 담당해 경제·안보와 기술 동맹의 한미 동맹 시대에서 한미 경제 교류 활성화의 기수가 되어 달라"**고 요청했다.

세계한인비지니스대회는 대성공을 거두었다. 이 대회 결과로 미주한상총연의 위상은 국제적으로 주목을 받게 되었다. 미주한상총연은 이 대회를 통해 재미한인동포사회의 역량을 보여 주었고, 미주한인상공인들이 미국을 넘어 세계로 진출할 기회의 문을 열었다.

미주한상총연은 이번 대회를 계기로 격년으로 미국에서 한국 기업 엑스포를 개최할 계획을 갖고 준비 중이다. 이경철 미주한상총연 종회장의 리더십으로 내년에 조지아주 애틀랜타에서 엑스포가 개최될 예정이다. 이를 위해 미주한상총연 주최로 총연 임원진과 지역회장 50여 명이 라스베이거스에서 지난 2월 22일부터 24일까지 워크숍을 열었다. 이경철 총회장이 나를 특강 강사로 초대했다. 나와 미주한상총연의 인연이 계속 이어졌다.

지난 2월 23일 라스베이거스에서 열린 워크숍에서 나는 '한미 경제 안보와 기술 동맹에서 한인상공회의 역할'이란 주제로 강연을 했다. 이 강연을 통해 나는 다시 한번 세계한인비지니스대회를 성공적으로 치른 미주한상총연의 헌신과 리더십에 감사하고, 한미경제교류 현황을 설명한 후 한미 동맹이 경제 안보와 기술 동맹으로 발전하는 시점에서 미주한상총연의 역할이 증대되고 있음을 강조했다. 이어 미주한상총연이 한미경제교류의 브릿지가 되어 줄 것을 요청하고, 결론에서 미주한상총연이 관심을 갖고 활동해야 할 과제로 △한미 상호 간 비즈니스 네트워킹 강화, △정보 및 경험의 공유, △국제적 협력 프로그램 구축, △디지털 플랫폼 구축, △한미 중소 상인을 위한 정부 차원의 지원 강화, △미국 지역사회와의 협력 강화 등 6가지 방안을 제시했다.

재외공관장은 관할 지역에 진출한 한국 기업을 돕는 일을 비롯해 현지 한인상공인들의 활동과 역할 지원에도 많은 관심을 가져야 한다.

특히 현지 중소상인들 중심의 한인상공회의소와 미주한상총연은 한국의 중소기업들과 좋은 네트워킹을 지역적 및 전국적 차원에서 구축해 상호 협력 체제를 강화할 수 있도록 지원을 아껴서는 안 된다. 이런 노력과 지원이 국익 창출의 밑거름이 된다. 내가 '한-텍사스 경제 포럼'을 만드는 이유가 여기에 있다.

▶관련 기사

US·KNEWS, "정영호 휴스턴 총영사, 미주한인상공회의소총연합회 지역회장, 임원 합동 워크숍에서 특강 진행"(2024.2.24.)

US·KNEWS, "미주한인상공회의소총연합회, 지역회장, 임원 합동 워크숍 주최"(2024.2.24.)

제5장

**언론 인터뷰의
모든 것**

29

"섬김의 리더십으로
공동선(善) 추구해 나가겠다"

[신년 간담회] 정영호 신임 총영사 -

"섬김의 리더십으로 공동 선(善) 추구해 나가겠다"

한미 동맹의 미래⋯ 텍사스가 경제·과학 기술 동맹의 중심

　두세 사람만 모여도 총영사가 온다는 말이 조만간 나올 정도로 정영호 휴스턴 총영사는 부임한 지 한 달이 채 안 되었지만 동포사회 거의 모든 행사와 모임들에 참석하고 있다. 그런 신임 총영사를 동포사회도 반기고 있는데, 소통의 부재는 동포사회가 늘 목말라했던 부분이기 때문이다. 지난 1월 26일 휴스턴 한인 언론사 기자간담회에서 정영호 총영사와 나눴던 대화들을 정리해 본다. 〈편집자 주〉

식탁을 통한 소통

정치나 외교는 설득의 논리가 있어야 하는데, 솔루션을 찾는 중요한 수단이 '밥'이라고 했다. 밥상머리에서 싸우지 않는다는 말도 있듯이 식탁의 교제를 통해 따뜻한 공감을 나누고, 상호 관심사를 얘기하고, 소통하면서 견해를 좁히고 솔루션을 찾아간다면 '공동의 선(Common good)'을 추구할 수 있다는 믿음이다. 동포사회는 물론 외교사절단, 각 전문 분야별로 관저 오찬이나 만찬을 통해 공관이 적극적으로 소통의 창구 역할을 자처했다. 2월 16일 지상사 회원들과 휴스턴 한인상공회의소, 댈러스 코트라 대표들 40~50명을 관저에 초청한 것도 대화 플랫폼을 만들려고 하는 것이다. 지금까지는 각자 따로 움직였거나 물과 기름 같은 관계였다면, 이제는 텍사스 중심의 한인경제 커뮤니티란 차원에서 상호 협력, 정보 교환, 경제 교류에 방향성을 함께 할 수 있도록 대화를 시작하겠다는 의지다. 특히 휴스턴은 전문가들이 많은 도시로, 이들의 플랫폼이 한인사회 기여할 수 있도록 네트워크를 구축해 나갈 것이라는 것이고, 협업하며 시너지 효과를 창출하고, 한미 경제 교류에서도 중심적 역할을 할 수 있도록 방향성을 모아 가겠다고 말했다.

스탭(STEP) 리더십

정영호 총영사는 연세대 신학과 및 정치학 석사 졸업, 약 20년간 국회와 정당에서 입법보좌관, 국회부의장 비서실장, 부대변인, 그리고 당대표 공보특보를 역임했다. 미국에서 목회학 석사를 마친 뒤 목사안수를 받고 뉴저지와 펜실베이니아에서 이민 교회를 섬겼다. 총영사 부임 전까지 국민의힘 대통령선거 선대본 재외동포특별위원회 위원장, 제20대 대통령취임준비위원회 전문위원 겸 대변인을 역임했다. 한편 그는 2016년 『STEP으로 리더하라』는 책을 시작으로 2019년, 2021년까지 3권의 리더십 저서를 발간한 리더십 전문가다. 그가 독자적으로 만든 리더십 용어 'STEP'이란 리더십 이론들 가운데 가장 대표적인 서번트(Servant) 리더십, 변혁적(Transformational) 리더십, 윤리적(Ethical) 리더십, 공공(Public) 리더십의 영문 표기 첫 대문자들을 모아 만든 조어다. 희생이 밑받침되어야 변화도 가능하다는 것을 경험하고 이론으로 정립한 리더십 전문가로서, 이제는 총영사 자리에서 먼저 섬김의 리더십을 철저히 실천하겠다는 의지를 밝혔다. '5개 주 한인이 있는 곳이라면 어디든 찾아가서 현장을 파악하고 크고 작은 일에 같이 일하고, 새 정부 외교정책 비전도 전하고 한미 동맹 중요성 강조해 가겠다", "외교관이 되리라 꿈에도 생각해보지 않았지만 총영사의 중책을 맡게 된 만큼 기쁘고 감사함으로 스스로 종이 되어 섬기겠다"는 각오들을 피력했다.

새 정부와 텍사스

윤석열 정부가 추구하는 바이오산업, 우주산업, 에너지 산업의 미래가 텍사스에 있다. 그랙 애보트 주지사는 취임식에서 텍사스가 미국 경제 중심이며, 화성 탐사를 위해 주정부가 막대한 예산을 투자하겠다고 말했다. 윤석열 대통령도 우주 개발 비전을 공표했고, 21세기 패권은 우주가 화두가 된 만큼 한국 정부와 텍사스와의 관계는 한미 동맹의 핵심이 될 것으로 보인다고 전망했다. 이미 삼성전자는 향후 20년간 200조를 텍사스에 투자해, 반도체 공장을 10개 더 건설하겠다고 발표했다. 국익 차원에서 텍사스 중심으로 한미경제 및 과학 기술 교류가 활발해지도록 진출 기업과 진출하고자 하는 기업들의 진입 장벽을 낮추도록 중남부 5개 주 연방 상하원 정치인들과 주정부 관계자들을 대상으로 외교 활동 및 공공외교 문화 활동을 강조했다. 특히 올해는 한미 동맹 70주년 해로서, 텍사스를 중심으로 항공우주산업 및 과학기술 교류를 위한 국제 컨퍼런스 개최 등도 계획하고 있다.

한편 정영호 총영사는 올해 한미정상회담 일정이 확정되면 윤석열 대통령의 휴스턴 방문도 적극 추진 하겠다고 약속했다. 또한 연내 재외동포청이 설치되거나 재외동포기구가 새롭게 개편되면 연대와 화합의 국정철학에 맞게 250만 미주 재외동포를 대표하는 미주총연이 분열에서 통합의 수순을 밟을 수 있도록 필요하다면 중도에서 막전막후의 대화 노력도 해 나가겠다고 전했다.

<정리 변성주 기자> 코리안저널 인터뷰(2023.2.2.)

30

"준비된 외교관
정영호 휴스턴 총영사 ①"

올 1월 윤석열 대통령은 외교부 관료 출신이 아닌 정영호 전 재외 동포특별위원회장을 맡아 당내에서 실력을 인정받았던 정영호 목사를 제21대 휴스턴 총영사로 임명했다. 주휴스턴 대한민국 총영사관은 미국 중남부의 텍사스주, 아칸소주, 오클라호마주, 미시시피주, 루이지애나주 등 5개 지역, 18만 재외 이민 사회를 관할하고 있다. 이에 미주 한인 사회는 정영호 총영사가 이민자의 삶의 애환과 현실을 누구보다도 잘 알고 이해하고 있는 인사이기 때문에 재외동포를 위한 현장 감각이 있는 외교적 성과를 기대하고 환영하는 분위기다. 이에 기독일보는 2회 연재로 정영호 총영사를 심층 취재한 내용을 정리해서 게재한다.

1) 정영호 총영사의 간증과 공직자의 책임 의식
2) 18만 재외동포와의 소통과 섬김의 리더십

정영호 총영사, 기독일보

정영호 총영사의 기독인으로서의 삶의 자취와 공직자의 책임 의식

이창한 편집장: 먼저 바쁘신 일정에도 취재에 응해 주셔서 감사합니다. 외교부에서 인사 발령받으신 후 휴스턴으로 오신 지가 1개월 남짓 되었는데, 시차는 잘 적응하고 있습니까?

정영호 총영사: 대한민국 정부가 이 지역에 꼭 필요한 사람이라 판단하고 보내 주신 것으로 이해하고 최대한 신속하게 업무 파악을 순조롭게 잘하고 있습니다. 미국 영주권자로서 미국 사회가 전혀 낯설지 않습니다. 하나님의 일을 감당하다가 개인적인 사정으로 귀국하게 되었지만, 다시 미국으로 와서 동포사회와 정부와의 가교 역할을 할 수 있는 자리로 오게 된 것이 감사합니다. 총영사로서 동포들이 필요한

일들이 무엇인지 섬길 수 있는 광범위한 직책에 무거운 책임을 느끼고 있습니다. 저는 젊은 시절부터 아무리 작은 일도 하나님께서 맡겨 주신 일이라고 생각하고 최선을 다하느라 나 자신을 괴롭히는 스타일입니다. 국회 사무처 1급 비서관에 최연소로 발탁되었을 뿐만 아니라 전한나라당 당 대표 공보특보와 내외뉴스 통신 사장 등의 직책을 맡았을 때도 대부분 손수 운전하고, 공과 사를 명확하게 구분하는 것이 공직자로서 바른 자세라고 생각하면서 살아왔습니다. (아마) 이러한 일들을 하나님께서 긍휼히 여겨 주신 것이 아닌가 생각합니다. 이번 총영사직은 대한민국과 동포사회를 위해서 최대한 능력을 발휘하려고 합니다.

궁인 대표: 국회 사무처에 계시다가 도미해서 신학을 하면서 목회자까지 되었는데요. 일반 정치인들과는 많이 다른 길을 걸어오셨습니다.

정영호 총영사: 목사 안수만 받은 것이 아니라 담임목회자로 교회를 섬긴 이력도 있습니다(웃음). 교회 다니면서 뜨거운 성령 체험을 했지만, 집안에 아무도 예수 믿는 사람이 없었던 탓에 자신의 진로를 제대로 정하지 못한 시행착오도 있었지만, 연세대 정치외교학과와 신학과를 놓고 고민하다가 연세대 신학과로 진로를 정했었습니다. 그때나 지금이나 아주 잘했던 일이라고 생각합니다(웃음). 한국 의회발전 연구회 전문위원을 거쳐 국회부의장 비서실장까지 활동하며 국회와 정부의 전반적인 업무들을 파악할 수 있었던 시기는 복음의 공공성(publicity)을 기반으로 한 공공선 (public good)을 적용할 수 있었던 절호의 기

회이기도 했습니다.

그러다가 다시 하나님의 사역을 감당하기 위해 개화 초기 연세대를 세운 언더우드 선교사의 모교, 뉴브런즈윅 신학대학(New Brunswick Theological Seminary)에서 공부하기로 하고 도미하게 됩니다. 공부하는 동안 힘들었지만 기독교적 안목과 통찰력으로 세상을 볼 수 있게 되었습니다. 신학교 동안 섬긴 교회서 성실성을 인정받은 은혜로 목사 안수를 받게 되었습니다. 하나님께서 이러한 삶의 경로를 통해 역사하신 경험이 있기에 이제는 내 삶에 하나님에 대한 기대와 믿음이 있습니다. 하나님의 말씀을 현실에 적용하고 섬기는 일에 앞장서려고 합니다.

이창한 편집장: 총영사님께서는 문화와 예술에 조예가 깊다고 들었는데, 종교와 문화가 이민 사회에 끼친 공헌은 무엇이라고 생각합니까?

정영호 총영사: 문화와 예술을 잘하는 것과 잘 아는 것은 다르지만, 저는 연세대에서 신학을 하면서부터 문화와 예술에 대한 관심이 높았습니다. 특히 이민 사회에서 종교활동의 비중은 상당히 크다고 볼 수 있습니다. 물론 기독교뿐만 아니라 다른 종교 또한 고단한 이민 사회에서 이민자들에게 힘이 되어 왔던 것은 분명합니다. 휴스턴만 해도 50여 개의 개신교회가 이민 사회를 섬기고 있고, 타 종교 또한 그 활동 폭이 크다고 볼 수 있습니다. 또 어느 지역보다 미 중남부에 거주하는 동포들에게 종교는 더욱 친근한 이웃처럼 다가왔고, 그래서 삶의 질이 더 높은 것이 아닌가 합니다.

미국에서의 이민 교회는 이민자의 삶 속에 깊이 관여하고 있으며, 숫자상(다른 종교에 비해)으로도 월등한 위치에 있습니다. 다시 말해서, 이민 사회에서 삶의 가치관과 세대 간 문화를 계승시키는 교육적 기능은 두말할 나위가 없습니다. 차세대 젊은이들에게 좋은 신앙의 전통뿐만 아니라 겨레의 얼과 전통을 삶을 통해 전수되는 현장이 또한 교회입니다. 물론 다른 종교기관도 신앙은 다르겠지만 문화적 계승의 기능적 역할은 역시 동일하며, 그 공헌도 같다고 봐야죠.

교회를 통해 이웃을 향한 사랑이 생성되는 독특한 교회 공동체 의식에 이르게 될 뿐만 아니라 과거의 어두운 상처로부터 자유로울 수 있도록 충분히 도와주고 있기 때문입니다. 저도 목회 현장에 있었기 때문에 충분히 공감하고 인지하고 있는 부분입니다. (계속)

<대담: 기독일보 이창한 편집국장 기자> 기독일보 신년 특별기획 취재(2023.2.12.)

31

"'목사'외교관,
정영호 휴스턴 총영사 인터뷰 ②"

이창한 편집장: 최근에 리더십에 관한 저서를 집필하셨는데, 『혼돈의 정치, 대통령 리더십』이라는 책이 독자들의 사랑을 받고 있다고 들었습니다. 저서와 함께 리더십에 대해서 말씀해 주시기 바랍니다.

정영호 총영사: 이 책은 단순히 이론적인 리더십에 관한 뜬구름 잡는 이야기가 아니라, 삶의 다양한 현장에서 직간접적으로 경험한 리더십의 형태가 녹아져 있는 내용입니다.

그도 그럴 것이 국회와 정당, 방송 토론 진행자, 언론 경영인 등을 두루 거쳐 오면서 몸소 체득한 내용들을 독자들이 도전받을 수 있는 내용들로 풍성한 소재가 담겨 있습니다.

일반 리더십 전문 강사로도 활약했지만, 목사로서 전국(한국)의 크고 작은 많은 교회의 리더십을 주제로 한 세미나 등에 주 강사로 불려 다니기도 했습니다. 리더십에 관한 많은 책이 지금도 쏟아져 나오고 있지만 『혼돈의 정치, 대통령 리더십』은 복잡하고 힘든 상황에 필요한 리더십, 즉 시대가 요청하는 산물이라고 생각합니다.

궁인 대표: 총영사님께서 섬김의 리더십, 변혁의 리더십, 소통의 리더십 등을 강조하고 있는 부분을 저도 본 적 있습니다. 그중에 '섬김의 리더십'은 그리스도의 리더십 형태를 말씀하시는 것이지요?

정영호 총영사: 네, 정확합니다. 이 시대에 필요한 다양한 리더십 형태 중에 그리스도의 리더십, 즉 섬김의 리더십은 사실 세상의 모든 지도자가 도전받고 몸소 실천해야 하는 리더십 모델이기도 합니다.

저는 윤석열 대통령께서 당시 검찰총장으로 취임하면서 연설한 취임사에서 그 모티브(motive)를 받았다고 봐도 무방합니다. 짧고 간결했던 취임사에서 검찰총장이 서야 하는 방향과 리더십의 본질을 본 것입니다. (당시 검찰총장 취임사에서) 헌법과 형사법 등을 두루 아우르면서

'국민'이라는 단어를 23번이나 언급했습니다.

그 당시 가장 주목받았던 대선 후보에서 대통령으로 당선된 근본적인 이유는 한마디로 '윤석열 리더십'이 국민들에게 높이 평가받은 것으로 생각합니다.

제가 주창한 'STEP'리더십 이론들 가운데 서번트(Servant) 리더십, 변혁적(Transformational) 리더십, 윤리적(Ethical) 리더십, 공공(Public) 리더십은 현대 사회를 살아가는 리더들의 당면한 과제이기도 합니다.

이창한 편집장: 부임하신 지 얼마 되지 않았지만 지역 사회에서는 최근 우리 한국 영사관이 가깝고 친근하게 느껴진다고 할 만큼 좋은 이미지를 구축하고 있다고 여겨집니다. 현장에서 동포들의 피부에 느낄 만한 '섬김의 리더십', '소통의 리더십'을 외교관으로서 어떻게 구현해낼지 기대됩니다.

정영호 총영사: 네, 그래서 우리 목사님들과 교회의 증보가 아주 절실합니다. 대한민국이 맡겨 주신 권한과 책임에 부끄럽지 않게 일할 것이고 외교관으로서 하나님께서 맡겨 주신 사명감이 있는 소임에 최선을 다히는 것이 저의 본문이기도 합니다.

우리 지역에 있는 가톨릭 신자들과도 만남을 가졌고, 원불교 휴스턴 교당과 조계종 남선사 법당에도 다녀오고, 총영사로서 그 어떤 편견도 없이 종교계 인사들을 직접 만나고 있습니다. 도울 일이 있으면 제가 뛰어다니면서 우리 동포사회에 참여할 각오를 가지고 있습니다. 또. 가는 곳마다 나의 진심을 기탄없이 전하고 있습니다.

이것이 하나님께서 기뻐하는 사명자의 책임이라고 믿습니다. 휴스턴뿐만 아니라 크고 작은 도시를 마다하지 않고 우리 동포들의 한인회와 지역 단체들을 두루 돌아보고 있습니다. 총영사로서 직분을 감당하기 위해서는 '섬김의 리더십', '소통의 리더십'을 현장에서 발현하려고 합니다. 공직자는 실력과 능력으로 인정받고 검증받아야 합니다. 차차 지켜봐 주시기를 바랍니다(웃음).

5개 주 우리 동포들이 계신 곳이라면 어디든, 언제든 방문해서 현장을 파악하고 크고 작은 일에 같이 일하고, 새 정부 외교정책 비전도 전하고 한미 동맹의 중요성을 강조할 것입니다. 이러한 만남과 소통이 체질인지 전혀 피곤하지 않으니 너무 감사한 일입니다(웃음). 이러한 각 기관과 공동체에 빛과 소금으로서 '연대와 화합'을 위한 가교 역할에 충실할 것입니다.

제가 이곳에 부임하고 보니 우리 영사 관할 지역의 모든 한인 동포의 분위기가 너무 좋습니다. 화합과 서로 마음이 통하는 한인 공동체적 동질감을 어디서든지 느낄 수 있습니다.

궁인 대표: 텍사스는 기술 집약 지역(tech-state)이라는 애칭이 있을 만큼 첨단 산업 도시로 성장하고 각광받고 있습니다. 삼성, 테슬라 등의 세계적 기업이 자리 잡고 있기도 합니다. 국익을 위해 계획하고 있는 일들이 있는 걸로 압니다.

정영호 총영사: 네, 맞습니다. 우리 정부는 바이오 산업, 우주 산업, 에너지 산업 등에 미래적 가치를 두고 있습니다. 그러한 면에서는 텍

사스가 훌륭한 입지적 조건을 가지고 있습니다. 21세기 패권은 에너지와 우주가 화두가 된 만큼 한국 정부와 텍사스와의 관계는 한미 동맹의 핵심이 될 것으로 봅니다.

예를 들어, 삼성전자는 20년간 200조를 텍사스에 투자하고 반도체 공장을 추가로 건설하겠다고 발표했습니다. 국익 차원에서 텍사스 중심으로 한미경제 및 과학 기술 교류가 활발해지도록 기업들이 투자하고 진출할 수 있도록 중남부 5개 주 연방 상하원 정치인들과 주정부 관계자들을 대상으로 외교 활동을 전개할 것입니다. 올해는 한미 동맹 70주년의 해로서, 텍사스를 중심으로 항공우주산업 및 과학 기술 교류를 위한 국제 컨퍼런스 개최 등도 계획하고 있습니다.

이창한 편집장: 지난달 말, 오스틴 한인 커뮤니티 초청 연설에서 우리 한인들이 미국의 주류 사회에 당당하게 진입하고 활동해야 하는 시점이라고 하셨는데, 우리 이민사회의 위상이 그만큼 높아진 것이 사실입니다. 우리 한인들이 다양한 분야에서 활약할 수 있도록 계획하고 추진하시는 일들이 있다고 들었습니다.

정영호 총영사: 미국뿐만 아니라 세계에서 주목하고 있는 나라가 대한민국이라고 해도 과장된 말이 아닙니다. K-POP, K-ART, K-FOOD, K-FASHION 등의 분야에서는 이미 두각을 나타내고 있습니다. '한류'라는 말이 사전에 나올 정도니, 한국인의 위상은 가히 세계적입니다.

우리 이민사회의 예술가들의 활동과 참여의 폭을 넓힐 수 있도록 시장 조사를 우선적으로 할 것이고, 지역 사회가 한자리에 모일 수 있는 성악, 기악, 무용 등의 축제의 한 마당을 기획하고 있습니다. 뿐만 아니라 살롱 음악회를 비롯해 공관과 관저를 오픈해서 작은 음악회와 예술가와 문인들이 활약할 수 있는 장을 마련할 계획입니다.

또한 10월 정도에는 한국의 중견 작가들을 초대해서 K-ART 등의 무대를 계획하고 있습니다. 이러한 일들을 위해 조만간 LA ART FAIR 에 참여하는 예술가들을 초대해서 휴스턴 뮤지엄 관계자들과 긴밀한 협의를 예정하고 있습니다.

중남부 지역에 있는 한인들이 긍지를 가질 수 있는 계기가 되고, 그러한 시대를 추구하려고 합니다. 저는 스스로 '텍사스 주 영업 사원 1호'라고 매일 아침 각오를 다집니다. 우리 동포들의 포용과 한미경제 안보와 새로운 미래로 도약할 수 있도록 발로 뛸 것입니다.

대한민국 국익을 위해 헌신하고 중남부 지역의 동포사회가 지금보다 한 단계 업그레이드(upgrade)된 미래적 가치가 실현되는 섬김의 리더십을 구현할 것입니다.

이창한 편집장: 마지막으로 우리 지역사회를 위해 하시고 싶은 말씀이 있으신지요?

정영호 총영사: 저는 '재외동포가 대한민국이다.'라는 모토로 일하고 있습니다. 우리 이민사회의 동포들은 대한민국의 자긍심으로 살아야 합니다. 또, 우리의 국격이 높아졌습니다. 지금의 현세대도 마찬가지이지만 우리의 다음 세대들에게 던지고 싶은 말은 자신감을 가지고 미국의 중심부로 뛰어들라는 말입니다. 그래서 그들에게 우리의 목소리를

내야 하고 그들과 함께 섬기는 리더십을 발휘해야 한다고 믿습니다.

오늘날 대한민국의 국격과 이민 사회의 위상이 높아진 것은 그저 얻어진 것이 아닙니다. 우리의 선조들과 선배들이 희생하고 헌신하고 섬겼던 씨앗이 지금은 열매로 추수하고 있는 것입니다. 미국의 주류사회로 진입하고 그들과 함께 선한 공동체(good community)를 이뤄 낼 수 있어야 합니다.

저는 총영사로서 중남부 지역에 있는 다른 어떤 이민 커뮤니티보다 우리 한인들이 최고의 영향력 있는 커뮤니티가 되도록 힘쓸 것입니다.

<Houston TX- 대담정리, 이창한 편집장> 기독일보 신년 특별기획 취재(2023.2.17.)

32

"'신생 에너지·바이오·우주'…
미래 먹거리 동맹 중심축 휴스턴"

"3개월을 3년처럼 뛰어다닌" 정영호 휴스턴 총영사

4월 15일로 부임 100일째를 맞았던 정영호 휴스턴 총영사의 공식 활동 기록은 A4 용지 9페이지 분량에 달한다. 단지 양(量)의 문제가 아니라 열심의 흔적들은 다시금 새로운 공관장 업무 계획 수립에 토대가 돼 주고 있어 그 자체로 가치가 있다. '브랜드 뉴(Brand New)'의 딱지를 떼고 17일(월) 기자간담회에서 만난 정영호 총영사는 지난 3개월간 대표적 활동들을 요약하고, 휴스턴과 텍사스, 중남부 5개 주가 한미 동맹의 미래에서 차지하는 전략적 측면을 강조했다.

동포들과 함께 거둔 결실

◆동포사회 측면: 정영호 총영사는 크고 작은 동포사회 공식적 행사들을 두로 참석하고, 잘 보이지 않는 분들까지 만나면서 동포사회 깊숙이 들어가려고 했다. 그중에서도 총영사관과 동포사회가 하나가 되어 튀르키에 돕기 모금캠페인을 벌인 결과 단기간 내 휴스턴 한인사회 역사상 최다 금액을 모금했고, 동포사회 지도자들도 결집의 저력을 보였다.

◆경제적 측면: 2월 16일 총영사관저에서 가진 한인 경제인 협력 플랫폼 행사는 휴스턴 지상사협의회, 한미석유가스엔지니어협회(KOEA), 휴스턴 한인상공회 등 경제단체 회원 40여 명과 댈러스 코트라 무역관이 참석한 가운데 한인 경제인들 간 협업과 상생을 위한 플랫폼과 소통의 장을 마련해 주었다.

◆정무적 측면: 3월 23일 한미 동맹 70주년 기념 및 윤석열 대통령 국빈 방문을 환영하는 공동결의안이 텍사스주 상·하원에서 공동 채택됐다. 주 하원에는 코리아 코코스(Caucus)도 발족되었다. 텍사스 주의

회 역사상 한국 관련 최초의 결의안이며, 한미외교사 한 페이지를 장식했다는 평이다. 정 총영사는 이를 가능하게 했던 배경에 한-텍사스 간 경제 규모의 성장을 꼽았다. 삼성전자를 비롯하여 휴스턴에만 40여 개 지상사들이 진출해 있는 기업의 힘과 15만여 명의 텍사스 동포 사회 역량과 파워가 밑바탕이 되었음이다. 제인 넬슨(Jane Nelson) 텍사스 국무장관은 2022년 한-텍사스 교역 규모가 총 328억 달러로 급성장했고, 주요 교역 국가 순위도 2021년 6위에서 2022년 4위로 껑충 뛰었다고 미통계청 최신 자료를 인용, 발표했다.

◆**한미 동맹 70주년:** 2023년 연말까지 총영사관의 모든 행사는 한미 동맹 70주년을 기념하게 될 것이다. 첫 시작으로 지난 2월 9일, 휴스턴대학교에서 광주시향 초청 한미 동맹 70주년 기념 축하 공연이 개최되었다. 1천300여 명의 관객들은 드보르작의 신세계 교향곡의 웅장함과 한미 양국 국가를 함께 부르며 감동을 나누었다. 관객들로부터는 한미 동맹 70주년의 주역인 한국전 참전 용사들에 대한 기립 박수도 이끌어 냈다.

우주국제컨퍼런스 등 굵직한 행사 줄줄이

한미 동맹의 포괄적·전략적 발전을 위해서는 경제 안보·과학 기술 동맹·문화적 교류 활성화가 중요하다. 그런 맥락에서 정 총영사는 휴스턴을 "한미 동맹의 전략적 요충지이자 미래 도시"로 지칭했다. 첫째, 바이든 행정부가 추구하는 미국 5대 신생 에너지 중심도시에 세계 에너지 허브도시인 휴스턴의 선정이 유력하다고 전망했다. 휴스턴과 자매도시인 울산시 역시 신생 에너지 부문에 가장 큰 투자를 하고 있는 도시라는 사실을 인지하고, 선제적으로 올가을 경제사절단을 휴스턴에 파견하도록 울산시에 독려했고, 현재 추진 중이라고 밝혔다. 둘째, 미국의 바이오 헬스산업은 보스턴과 샌프란시스코가 양대 산맥을 이루고 있다. 현재 텍사스메디컬센터(TMC)가 60만 평 규모의 바이오 혁신기지를 추진하고 있어 향후 미국 동부, 서부, 중남부에 이르는 바이오 헬스 삼각 지대가 형성될 것으로 기대했다. 바이오 혁신사업의 미래가 있는 휴스턴으로 한국 기업들의 진출에도 큰 기대를 보였다. 셋째, 4월 11일 휴스턴 존슨우주센터를 방문한 정 총영사는 바네사 와이치(Vanessa Wyche) 센터장과 한-미 우주 협력 확대 방안을 논의했다. 향후 아르테미스 2, 3차 프로그램과 화성 탐사 계획에 대한 한국의 적극적인 참여 의사를 밝히고, 한국의 데이터 통신 및 테크놀로지 부문 참여 가능성을 타진했다. 특히 오는 9월 초 우주국제컨퍼런스를 휴스턴에서 개최, 기술적 우주 동맹과 기업들의 우주 관련 산업 진출에 발판을 마련한다는 계획이다. 경남 사천에 항공우주청이 신설되면 지방자치단체 진출에도 중재 역할을 할 것으로 전망했다.

안으로는 연대와 통합, 밖으로 Voting Power

지난 3개월 정영호 총영사가 가장 많이 했던 말은 "연대와 통합"이었다. 중남부 5개 주만이라도 갈등과 분열 없는 한인공동체가 되어야 한다는 신념 속에서, 이미 양쪽 중남부연합회가 연내 통합을 약속했다. 동포사회에 바라는 당부로는 한인 유권자들이 적극적으로 보팅파워(voting power)를 행사해야 한다는 것이다. 이를 위해 당장 11월 휴스턴 시장 선거부터 미 시민권자들의 투표 참여를 위해 한인회를 중심으로 단체들의 조직적, 체계적 준비가 필요하다고 강조했다. 그 외 차세대 리더들과 직능별 한인 전문가들이 한인사회 발전에 능동적으로 참여할 수 있도록 환경을 조성하는 노력도 당부했다.

<정리 변성주 기자> 코리안저널 부임 100일 인터뷰 (2023. 4. 20.)

33

"'심방 외교' '섬김의 리더십'
하나님의 전권대사 ①"
– 휴스턴 정영호 총영사 신년 특집 대담 ①

정영호 총영사 신년 대담, 심방 외교로 동포사회
잘 이해하는 외교정책 펼쳐(photo by 기독일보)

"심방 외교", "섬김의 리더십"으로 동포사회를 잘 이해하고 있는 미국통, 외교의 달인

편집장: 연초 바쁘실 텐데 이렇게 시간 내 주서서 감사합니다. 이제 부임하신 지가 1년이 지났고 동포사회에서 부지런한 총영사로 소문이 났던데, 부임하신 이후 어떤 성과가 있었는지 궁금합니다.

정영호 총영사: 2023년 1월 6일에 부임한 이래로 "섬김의 리더십"을 동포사회의 현장에서 보여 주려는 노력을 지속적으로 펼쳐 왔습니다. 지난 1년간 우리 동포가 있는 곳이라면 어디든 찾아갔습니다. 중남부 5개 주를 최소 2번 이상 방문했으며, 20여 개 이상의 한인회를 최소 2회 이상 방문했습니다. 단순히 공무적 행보와 정부의 대리자로서뿐만 아니라 스스로 '하나님의 전권대사'로서 진실한 마음을 가지고 동포사회와 소통해 오고 있습니다.

동포사회를 위로하고 격려하는 데 집중하였으며, 재미교포들이 한미동맹의 중요한 위치임을 강조하며 다녔습니다. 뉴저지에서 목회자로 활동한 경험을 바탕으로 그리스도의 겸손을 가지고 낮아진 자세로 동포사회를 만나려 애썼으며, 동포사회에 심방하는 마음으로 다녔습니다. 그래서 제가 최근에는 "심방 외교"라는 신조어를 만들어 사용하고 있습니다(웃음). 딱딱한 공무원의 자세가 아니라 사람이 사람을 대하는 마음의 자세가 저를 계속 전진하게 합니다.

편집장: 지난해 튀르키에 지진 구호 성금 활동에도 총영사님께서 직접 모금 현장에 계셨다는 훈훈한 이야기도 있습니다.

정영호 총영사: 네, 오른손이 하는 일을 왼손이 모르게 하라고 하셨는데 이미 알려졌습니다. 그러나 저 혼자 한 일이 아닙니다. 지난해 2월, 주휴스턴 튀르키에 총영사관에 조문을 다녀온 뒤 한인 단체장들을 만나 지진 피해 성금을 제안하게 되었고, 모두가 한마음이 되어 휴스턴한인회를 중심으로 모금이 진행된 일인데, 당시 한화로 약 1억 원가량($78,000)을 모금하여 튀르키에 총영사관에 전달했습니다. 이는 전 미국의 한인회 가운데서 가장 많은 모금액이었고, 우리 동포뿐만 아니라 당시 모금 현장을 지나는 많은 사람들이 국적을 불문하고 참여하는 감동적인 현장이었습니다.

편집장: 한미 동맹 70주년을 맞이한 역사적인 한 해였는데 관련된 성과는 어떤 것이 있는지요?

정영호 총영사: 한미동맹과 문화 교류 증진에 많은 힘을 쓰고 있습니다. 지난해 7월에는 국기원 시범단을 초청하여 한인 커뮤니티 주관하에 약 2천 명의 현지인들이 태권도 시범을 관람하며 한인회의 자부심을 느낄 수 있는 행사를 개최한 바 있습니다. Cypress Fairbank 교육구 전시센터는 1천400석의 좌석을 갖추고 있었는데, 관람객이 초과하면서, 한때 관계자가 안전을 우려할 정도였으니 K-culture(한국 문화)에 미국은 관심이 많다는 것을 체감했습니다(웃음).

편집장: 지난 1년간 많은 성과를 이루고 계시는데, 정치·외교적 성과를 하나만 꼽는다면 어떤 것이 있을까요?

정영호 총영사: 윤석열 대통령의 미국 국빈 방문을 앞두고 텍사스

주 의회가 지난해 3월, 한미 동맹 70주년을 기념하고 양국 간 협력 및 동맹을 지지하는 결의안을 채택했던 일은 역사적이고 우리 정부의 정치·외교적 성과임에 분명합니다.

미국 50개 주 가운데 텍사스주 의회에서 처음으로 한미 동맹 70주년과 윤 대통령의 미국 국빈 방문을 환영하는 공동 결의안이 채택된 것은 한-텍사스 관계에 있어 역사에 남을 이정표가 되었으며, 텍사스주가 앞으로 한미 경제·과학 기술 교류의 중심지로 발전하는 데 중요한 계기가 된 성과였습니다.

<대담정리, 이창한 편집장>(2024.1.25.)

34

"시대적 소명, 느헤미야의 사명감으로 대한민국 자긍심 높여 ②"

– 휴스턴 정영호 총영사 신년 특집 대담 ②

"심방 외교", "섬김의 리더십"
미국 중남부 소통의 하나 되는 외교의 달인

편집장: 지난 1년간 다양한 일들을 기획 추진하며 외교적 성과를 얻고 계시는데, 당시의 일정들을 날짜까지 정확하게 기억하시는 것이 놀랍습니다. 지금까지의 업적 이외, 현재 중점적으로 추진하고 있는 외교적 사안들에 대해서 궁금합니다.

정영호 총영사: (웃음) 동포사회를 사랑하는 마음과 애국적 충정심이 더해져서 그런지 일정 하나하나에 마음을 쏟으며 열정을 가지려고 합니다.

현재 가장 관심을 가지고 추진하는 분야는 "경제 안보"와 "과학 기술"입니다. 대통령께서 방미한 성과를 중심으로 지난해 5월, 휴스턴 동포단체장들을 총영사관으로 초청하여 윤석열 대통령의 국빈 방미(4/24-4/29) 주요 성과들을 설명한 바 있습니다. '한미정상회담 선언문'안에 많은 분야가 포함되어 있지만, 국민 경제와 직결되는 경제 안보와 관련된 모든 사안들에 대해 한미 간 긴밀한 협력이 필요한 때입니다. 이러한 정책은 매우 민감하고 중요한 분야입니다. 이는 점차적으로 K-콘텐츠를 중심으로 한 문화적 연대를 확장하는 방안에 관심들을 두게 될 것입니다.

텍사스의 전략적 위치 적극 활용

텍사스는 전 세계적으로 우주 산업과 첨단 산업 등이 집약되어 있는 매우 독특한 주(州)입니다. 예를 들어, 대통령의 방문 성과에서도 보고했듯이 사천에 설립될 우주항공청(KASA)을 통해 NASA와의 우주탐사 분야에서의 협력이 강화될 예정입니다. 특히, '휴스턴 스페이스 포트'에도 이미 우리 기업이 참여하고 있으며, 우주 산업뿐만 아니라 최첨단 기술 분야에 협력 기반을 마련할 수 있는 유리한 조건을 가지고 있습니다. 이러한 전략적 유리한 고지를 놓쳐서는 안 될 것입니다.

편집장: 부임하신 지 한 해 만에 텍사스의 외교적 주요 사안을 모두 분석하신 전문가가 되어 계시는 느낌입니다(웃음).

정영호 총영사: 평생을 공부해 와서 그런지 지금도 열심히 관련 분야를 연구하고 있습니다. 거듭 말씀드리지만, 텍사스 지역은 경제 안보와 과학 기술 분야에서 중요한 역할을 하고 있기 때문입니다. 특히 삼성 반도체의 투자 확대와 오스틴 및 테일러시의 '반도체 집약 도시'로 세계의 기업들이 모여드는 것에 주목하고 있습니다.

휴스턴은 에너지 관련 산업 집약 도시입니다. 이와 관련해서 80여 개국의 총영사들이 치열한 외교 활동을 하고 있습니다. 이는 휴스턴이 글로벌 에너지 산업에서 중요한 위치를 차지하고 있음을 나타낸다는 의미입니다.

이외에도 TMC와 바이오테크 혁신: TMC(Texas Medical Center)는 세계적인 중심지로, 바이오테크 및 관련 혁신 기업들이 집중되어 있습니다. 이들 기업은 약 10만 개의 일자리를 창출하며, 이러한 추세라면 향후 5년 이내에 세계 바이오테크 산업의 패권이 유럽에서 미국으로 이동하게 될 것입니다. 미국 정부가 바이오 패권 장악을 위해 5개 부처에 20억 불의 예산을 투입하는 플랜에 한국 기업이 미국으로 진출해서 유럽과 전 세계로 뻗어 나갈 수 있는 막대한 경제적 이익이 창출되는 전략적 거점입니다. 긴장하지 않을 수 없습니다(웃음).

편집장: 지난해 한국전 참전 실종자 추모 예배가 있었는데, 지역사회의 관심이 많았습니다.

정영호 총영사: 네, 참으로 감사한 일이지요. 지역사회와 교회 연합

회가 한국 전쟁에서 꽃다운 청춘을 바친 영혼들을 기억하는 것은 참 의미 있는 일입니다. 지난해 처음 시작한 추모 행사인지라 첫술에 배부르진 못하지만, 이제 소수만 남은 한국전 참전 용사들과 가족들을 초청한 것은 특별한 행사입니다. 참전 용사 실종자들을 위해 지역 교회 연합회가 그들을 위해 기념행사를 갖는 것은 우리 이민 사회의 민족적 정체성과 지금의 대한민국이 존재하는 보훈을 잊지 않겠다는 의지이기도 합니다. 그동안 이민 사회에서 참전 용사들을 위한 행사는 많았지만, 실종자들의 이름을 일일이 불러 가며 그들을 기억하며 함께 예배드리는 일은 없었던 일입니다. 더구나 참전 용사들의 가족들과 그들의 자녀 세대가 함께 참여하여 더욱 감사한 행사였습니다.

향후, 휴스턴뿐만 아니라 뉴욕이나 LA 등지에서도 한국전 참전 용사들을 위한 한국 이민 사회와 지역 교회와 연대해서 그들의 (실종자들) 가족들과 함께 예배를 드리는 일들을 확대할 예정에 있습니다. 이미 여러 도시의 교회와 목회자들이 관심을 가지고 연락을 주고 있습니다. 정말 감사한 일이지요.

저는 느헤미야의 심정으로 지금의 위치에 있습니다. 국가적으로 부름을 받았지만, 직업적 외교관이 아니라 하나님의 소명과 사명을 가진 하나님의 전권대사로서 현재의 일들을 감당하려고 매일 기도하는 이유입니다.

<대담 정리, 편집장 이창한>(2024.1.25.)

35

코리안저널 선정
2023년 10대 뉴스

*〈코리안저널〉이 '2023년 10대 뉴스 선정'(2023.12.28.)에서 1위부터 4위까지 휴스턴 총영사관이 한미 동맹 70주년 기념 역점 사업으로 한인 동포사회와 함께 추진했던 사업들로 선정했다. 관련된 뉴스만 발췌해서 소개한다.

손잡고 힘껏 뛰었던 한인동포사회

1. 진화되는 한미 동맹
새로운 70주년의 신세계를 향하여

한미 동맹 70주년을 맞아 휴스턴총영사관(총영사 정영호)은 2023년 연말까지 모든 행사를 한미 동맹 70주년 기념에 포커스를 맞추었다. 광주시립교향악단 초청 기념음악회는 한미 동맹의 의미를 되새기고 양국 우호·협력 관계를 더욱 공고히 하기 위한 첫 테이프였다. 1천300여 명의 관객들은 드보르작의 신세계 교향곡의 웅장함과 한미 양국 국가를 함께 부르며 감동을 나누었다. 휴스턴 한인동포사회와 총영사관 합작품인 국기원 태권도 시범단의 휴스턴 첫 공연은 짧은 홍보 기간에도 불구하고 2천여 명의 환호 속에서 대한민국 국기(國技)인 태권도의 정수를 보여 주고, 한국 문화에 대한 자긍심을 높여 주며, 스포츠 외교를 실감케 했다.

정영호 총영사는 나사 존슨스페이스센터를 방문(4.11.)하여 바세나 와이치(Vanessa Wyche) 국장과 한미 우주 개발 협력 확대 방안을 논의했고, 9월 21일 재미공관 최초로 2023 한미 우주포럼(2023 Korea-US Space Forum)을 개최했다. 4월 한미정상회담에서 우주 협력이 한미 동맹의 핵심으로 강조된 사실과 아르테미스 프로그램, 달-화성 계획 등에도 적극 참여 하려는 한국 정부의 의지도 전달했다.

2. 텍사스주 상·하원

한미 동맹 70주년 공동 결의안 채택

　3월 23일, 텍사스주 상원과 하원은 한미 동맹 70주년을 기념하는 공동 결의안을 채택했다.

　이 결의안은 상원에서 세자르 블랑코(César Blanco, 민주당) 의원이, 하원에서 제시 제튼(Jacey Jetton, 공화당) 의원이 각각 발의, 상·하원 청문회를 거쳐 통과되었다. 주 하원에는 코리아 코코스(Caucus)도 발족되었다. 텍사스 주의회 역사상 한국 관련 최초의 결의안이며, 한미외교사 한 페이지를 장식했다는 평이다. 텍사스주는 윤석열 대통령 방미에 앞서 가장 먼저 합동 결의안을 채택한 주가 되었다. 이를 가능하게 했던 배경에는 한국-텍사스 간 경제 규모의 성장을 꼽을 수 있다. 제인 넬슨

(Jane Nelson) 텍사스 국무장관은 2022년 한-텍사스 교역 규모가 총 328억 달러로 급성장했고, 주요 교역 국가 순위도 2021년 6위에서 2022년 4위로 껑충 뛰었다고 미통계청 최신 자료를 인용, 발표했다. 주의회가 개별 국가에 대해 합동 결의안을 체결한 것은 매우 이례적인데, 이는 한미 동맹에 있어 대한민국의 위상이 높아졌고 텍사스에서 경제 및 과학 기술 안보에 대한민국이 전략적으로 중요해졌다는 것을 반증한 것으로 평가된다. 또한 텍사스 주의회 차원에서 윤석열 대통령의 미국 국빈 방문에 앞서 환영의 의미를 담아 채택한 것으로 해석된다.

3. 튀르키예 지진 피해 돕기

7만 5천여 불 구호성금 답지

3월 8일 정영호 총영사와 한인동포사회 대표단은 휴스턴 소재 튀르키예 총영사관을 방문, Serhad Varli 총영사에게 구호성금 총 7만 5천

604.64불을 전달했다. 휴스턴 총영사관과 한인동포사회가 민관 합동으로 실시했던 튀르키예 지진 피해 돕기 모금 캠페인은 2월 17일 킥오프를 시작으로 본격적인 모금 활동을 시작했다. 시작은 2주 동안 2만 불이 목표였지만 단 3일 만에 목표치를 넘겼고, 10일간 모금한 성금액은 휴스턴 동포사회 역사상 역대 최고 모금 액수를 기록했다. 휴스턴 단체들과 개인 기부자들의 동참이 줄을 이은 것은 물론 샌안토니오와 알칸사 동포사회, 미주한인회 중남부연합회에서도 성금이 답지했다. 튀르키예 민관 합동 모금 캠페인은 블레이락 H-마트 입출구 양쪽에 스탠드 배너를 세우고 빨간색 어깨띠를 두르며 현장을 지켰는데, 고사리손부터 노인들까지 따뜻한 온정들이 모금함을 채워 갔다.

Serhad Varli 튀르키예 총영사는 "One Heart" 한마음으로 동참한 한인사회에 진심 어린 감사를 전하고, 특히 형제 나라 한국, 언어의 뿌리가 같은 한인 동포사회의 친절과 따뜻한 방문을 잊지 않겠다고 말했다. 휴스턴 기독교교회연합회와 한인목사회도 자체적으로 튀르키예 돕기 성금 모금을 진행했다.

4. 한국전 美 참전 용사 실종자 추모 예배

미주 최초 대한민국 정부 주도

　대한민국 정부에서 주관하는 최초의 행사로 한미 동맹 70주년 기념 '한국전 미참전 용사 실종자 추모 예배'가 지난 10월 22일 휴스턴 한인 중앙장로교회 본당에서 엄숙하게 거행됐다. 휴스턴기독교교회연합회와 휴스턴한인목사회가 공동 주최 했고 휴스턴 총영사관이 후원했다. 추모 행사에는 텍사스주 경비대 E.A. 버디 그랜섬 준장과 휴스턴 군사위원회 유진 툴리치 회장, 한국전 참전 용사들과 가족 등 약 100명이 참석했다. 총영사관의 확인에 의하면, 한국전 미참전 용사 7천500여 명의 실종자 중 텍사스에만 약 2천300여 명의 실종자가 있다. 미 한국전 참전 용사회 론스타 챕터 맥스 존슨 회장을 비롯한 5명의 참전 용사들이 번갈아 가며 텍사스 실종자 명단을 호명하며 이들을 추모했

다. 호명의 순간들은 엄숙하고 숙연했다. 이날 참석자들은 대한민국의 자유는 공짜로 얻어진 것이 아니라 대한민국이 어디인지도 모르는 16개국의 젊은 용사들의 고귀한 희생으로 얻어진 것임을 잊어서는 안 된다는 사실을 되새겼다. 또한 한국 전쟁은 잊혀진 전쟁이 아니며, 전쟁 포로와 실종자들이 미국으로 송환될 수 있도록 함께 기도했다. '한국전 미 참전 용사 실종자 추모 예배'는 휴스턴을 시작으로 향후 여러 도시와 주로 확산될 것을 기대하고 있다.

마치면서

*2024년 1월 5일 동포 언론사들과 신년 인터뷰를 했다. 마지막 글은 당시 코리안저널과 한미저널의 인터뷰 내용을 중심으로 수정·보완해 작성했다.

"2024년은 한미 동맹 외연 확장의 해, 텍사스의 전략적 가치 높여야"

재외공관장의 신년 인터뷰는 중요하다. 무엇보다도 관할 지역 동포 사회의 관심이 높다. 재외공관장이 새해에는 어떤 사업을 펼치며 동포

사회와의 관계는 어떻게 형성할 것이며, 국익 창출을 위한 새로운 비전은 무엇인지 등 다양한 관심을 동포사회가 보여 주고 있다. 이런 점에서 재외공관장의 신년 인터뷰는 동포사회의 기대에 부응하고 공관의 활동에 대한 동포사회의 관심과 협조를 유도할 수 있다. 어떤 이유에서든 재외공관장과 동포사회의 공감대가 넓게 형성되는 것은 매우 바람직한 일이다.

2024년 1월 5일 오후 4시에 동포 언론사와 신년 간담회를 가졌다. 1월 5일 신년 간담회는 사실 총영사 부임 1주년 기념을 겸한 것이라 더욱 의미가 새로웠다. 간담회를 시작하면서 나는 2024년 갑진년 새해에 청룡의 기운을 받아 우리 동포들이 새로운 기상을 품고 멋지게 날아오를 것을 기원했다. 먼저 지난 2023년 한 해를 잠시 돌아보았다. 지난해는 전적으로 한미 동맹 70주년을 기념하는 값진 사업들을 펼쳤던 해로 기억된다. 동포사회 연대와 화합, 그리고 통합에 초점을 두고 관할 5개 주를 최소 2회 이상 방문하고, 한인회가 구성된 모든 도시를 열심히 발로 뛰어다녔다. 나는 기자들에게 **"휴스턴 공관의 규모로 한미 동맹과 관련한 굵직한 성과들을 가능케 했던 것은 전적으로 한인 동포사회의 협력이 뒷받침되었다"**고 감사를 전하면서, 동포사회와의 좋은 케미스트리를 담보로 2024년도 밝고 희망찬 비전을 제시했다.

새해에는 한미정상회담 후속 조치에 집중할 계획

경제 안보 중점 사업: 한미 동맹 70주년을 계기로 한미 동맹은 경제 안보와 과학 기술 동맹 강화의 시대로 발전했다. 그리고 작년엔 워싱턴 디시에서 한미정상회담이 개최되었고, 양국 정상은 국가가 할 수 있는 모든 분야에서 구체적인 동맹 결의를 약속했다. 그래서 올해는 한미정상회담의 후속 조치 개발과 실천이란 관점에서 관할 지역을 중심으로 경제 안보에 초점을 맞춰 사업을 펼칠 계획이다. 이 사업의 기본 방향은 휴스턴과 텍사스의 전략적 가치를 극대화해 나간다는 전략이다. 이것이 한미 동맹을 업그레이드하고 지속적인 경제 안보 동맹 강화와 동포사회의 연대와 화합에 긍정적 기여를 할 수 있을 것이라는 판단에서다.

텍사스는 반도체와 에너지 글로벌 공급망, 우주개발, 바이오산업 등 경제 안보 중심지이며, 특히 휴스턴은 에너지, 의료·바이오, 우주 개발의 전략적 요충지이다. 특히 휴스턴은 글로벌 에너지 전환을 주도해 미국의 에너지 패권의 미래를 전략적으로 준비하고 있다. 지난 3월 20일 빌 게이츠(Bill Gates)는 세계 최대 규모의 에너지 컨퍼런스 CERAWeek 2024에 참석하면서, **"론 스타(Lone Star, 텍사스의 별칭)는 미국 최대 석유 가스 생산지이지만, 또한 미국 최대의 풍력 발전 생산지이자 태양광 분야의 떠오르는 별이다. 텍사스는 전통적인 에너지 생산의 허브 그 이상이다. 이는 차세대 청정 에너지 혁신의 최첨단이기도 하다"**고 언급했다. 텍사스는 에너지 패권의 전쟁이 치러지는 경제 안보의 중요한 거점이다.

경제 안보를 위한 첫 프로젝트는 '한-텍사스 경제 포럼'의 출범이다. 텍사스에 진출한 주요 한국 기업들과 텍사스의 경제인과 전문가 그룹들을 하나로 엮고 여기에 지난해 한미 동맹 공동결의안 채택 시 텍사스주 의회에서 발족한 코리아 코코스와 유기적 관계를 구체화한다는 계획이다. 이미 작년에 휴스턴에 진출한 한국 기업들과 현지 경제인들 40명을 초대해 경제 플랫폼 행사를 하면서 네트워킹 강화에 노력했다. 그리고 총영사로서 주정부, 주의회, 지방정부 등 다양한 기관의 관계자들을 만나 우호적 관계를 유지해 왔다. 이런 네트워크를 잘 매칭해서 '한-텍사스 경제 포럼'을 늦어도 금년 상반기 중 성공적으로 출범할 계획이다. 포럼이 출범하면 한국 중소기업중앙회와도 MOU를 체결해 한국의 중소기업들이 텍사스에 진출하는 일들을 현지에서 도와주고, 필요할 경우 격년으로 텍사스에서 중소기업박람회가 개최될 수 있도록 환경을 구축할 것이다. 텍사스 박람회가 성공되면 알칸사, 오클라호마 등으로의 확대는 당연한 순서가 될 것이다.

기술 동맹 분야: 지난해 기술 동맹의 상징적 조치로 직접 휴스턴 NASA를 방문해 바네사 와이치 센터장을 만나 한미 우주 개발의 미래에 대해 협의하고, 9월에는 '2023 한미우주포럼'을 처음 개최했다. 올해에도 한미우주포럼을 개최할 예정인데, 지난해보다 더 큰 규모가 될 것이다. 한미 우주 개발과 우주 동맹의 미래를 위해 지속 가능한 활동

을 공관 차원에서 최선을 다할 계획이다. 아마 올해 치러질 한미우주 포럼은 국제적 관심을 모으게 될 것으로 본다. 특히 휴스턴시가 미래 우주 산업 경쟁력 강화를 위해 휴스턴에 건설한 휴스턴 스페이스 포트(Houston Space Port)에 한국 우주 산업 기업들이 진출할 수 있도록 휴스턴시와 협력하여 우주 산업의 기초를 닦는 데 최선을 다할 것이다.

한편, 올해에는 '2024 한미 바이오포럼'을 개최하려고 한다. 휴스턴의 텍사스 메디칼 센터(TMC)는 세계 최대의 의료단지이자 최근 바이오테크의 미래를 주도하기 위해 막대한 규모의 투자를 하고 있다. 이런 흐름에 발맞춰 대한민국의 바이오 기업들이 텍사스에 진출하여 바이오 생태계를 구축해 나가기 위한 노력을 적극적으로 펼칠 계획이다.

그리고 올해 삼성 테일러 반도체 공장이 예정대로 준공된다면 윤석열 대통령께서 텍사스에 방문할 수 있을 것으로 기대한다. 만약 대통령께서 텍사스에 방문하셔서 반도체, 석유 가스 에너지와 청정수소 에너지, 휴스턴 NASA의 '아르테미스 프로젝트' 그리고 TMC 바이오 포트의 혁신과 비전 등에 관심을 보여 주시면 텍사스의 경제 안보, 기술 동맹의 전략적 가치는 한 차원 더 높아질 것이다. 또한 울산광역시와 휴스턴시가 자매 도시로서 향후 두 도시 간 석유·가스 에너지와 신재생에너지 협력 사업 그리고 심포니 오케스트라 교환 공연, 대학 간 교류 및 휴스턴 동포사회가 추진하는 '팔각정' 건립 지원 등으로 문화 및 교육적 측면까지 교류 활성화를 확대하도록 최선을 다해 동포사회의 자긍심을 높이겠다.

공공외교 분야: 한미 동맹 70주년은 지난해의 행사로 끝난 것이 아니다. 새로운 70년이 시작되는 올해는 변함없이 참전 용사들에 대한 지원과 보살핌을 이어 가면서 한편으로는 참전 용사들의 후손과 가족들의 감동적인 스토리텔링을 발굴, 공유하여 소프트웨어적으로 한미 동맹 새로운 미래 구축의 영역을 넓혀 갈 것이다.

지난해 주미공관 최초로 실종자 추모 예배를 성공적으로 치렀다. 올해에도 실종자 추모 예배를 비롯하여 여러 참전 용사 행사에도 기성세대뿐 아니라 차세대들의 참석도 독려할 것이다. 또 미국 대학생들이 한미 동맹 관계를 주제로 휴스턴 대학에서 토론회도 개최한다. 미국의 젊은이들이 보고 생각하는 한미 동맹과 한미 관계에 대한 피드백이 가감 없이 전해지는 현장의 생생한 목소리는 정부 정책에도 도움이 될 것으로 생각해 이런 프로젝트를 개발했다. 그리고 휴스턴 지역 외에도 타주의 대학교에서 특별 강의를 할 수 있는 기회를 많이 가져 정책공공외교 활성화에 최선을 다하고자 한다. (나는 이 원고를 마감하는 시점에서 이미 3월 27과 28일 양일 간 아칸소주 클린턴 공공행정대학원과 아칸소주 대학교 경영학부에서 "한-아칸소 경제 협력: 도전과 전망"이란 주제로 2회 특강을 했다.)

또한 모든 면에서 차세대가 강조되고 있지만, 기성세대와의 조화와 협력도 중요하다는 판단에서 올해는 영프로페셔널포럼을 비롯한 여러 행사들에 기성세대 전문가들이 함께 참여해 전문가 네트워크를 더욱 확장하는 프로그램으로 업그레이드할 것이다. 그리고 휴스턴에 프로페셔널 음악인들이 많이 있다. 이분들을 초대해 간담회를 갖고 전문

음악인 네트워크를 만들어 작은 규모의 음악회 등을 개최해 동포사회에 문화적 기여를 하도록 노력할 계획이다.

한편, 휴스턴 총영사 부임 이후 안타까웠던 사실은 미국 4대 도시에 꼽히는 휴스턴에 아직까지 독자적인 참전 용사 기념비가 없다는 사실이다. 그래서 올해는 동포사회와 협력하여 참전 용사 기념비 설립 준비위원회를 발족할 예정이다. 휴스턴시 혹은 해리슨 카운티로부터 부지를 제공받으면 전체 예산의 1/3은 대한민국 보훈부에서 지원받을 수 있기 때문에 동포사회와 모금 활동을 통해 나머지 기금 조성도 충분히 가능할 것으로 본다. 한국전 참전 용사들이 한 분이라도 생존해 계실 때 기념비가 준공되길 간절히 바란다. 일단 내가 먼저 시작하고, 이후 다른 후임자가 와서 완성하면 될 것이다.

그리고 올해 6월과 7월에 집중적으로 전쟁 기념행사와 정전협정 기념행사가 관할 5개 주 많은 지역에서 치러질 예정이다. 나는 내 건강과 시간이 허락하는 대로 모든 행사에 참여해 전쟁 영웅들과 그들의 가족 그리고 돌아오지 않는 영웅들을 기념할 것이다. 이것은 총영사로서 해야 할 최소한의 예의이며, 한미 동맹의 굳건한 토대를 닦는 일이자, **"자유는 공짜로 주어지지 않는다"**는 명언의 참 의미를 현장에서 머리 숙여 직접 확인하는 일이다.

텍사스는 반도체와 에너지의 글로벌 공급망, 바이오 테크의 미래, 달과 화성 탐사를 궁극적 목표로 설정하고 있는 아르테미스 프로그램의 추진을 중심으로 한 우주 개발과 우주 동맹의 미래가 있는 곳이다.

텍사스는 미국의 기업들과 한국의 중소기업들이 활동하기 좋은 곳으로서 가장 진출을 원하는 지역이다. 현재 미국에서 고용 창출의 기회가 매년 상승하는 곳도 텍사스이다.

텍사스는 미국 경제를 선도하는 주(Leading State)이다. 텍사스는 지금 빠르게 변하고 도전하고 혁신 중에 있다. 텍사스의 미래는 도전, 변화 그리고 혁신에서 비전과 희망을 보여 준다. 텍사스의 전략적 가치는 아무리 강조해도 지나치지 않다.

나는 텍사스 1호 영업 사원이다. 나의 'VCR 심방 외교'는 동포와 국익을, 그리고 한미 동맹의 새로운 미래를 위하여 2024년에도 변함없이 계속될 것이다.